CHEN HONG

陳鴻的美食散步

陳鴻 著

〈專文推薦〉

暖胃也暖心的美食文化集錦

台視主播、主持人 侯乃榕

認識陳鴻大哥是在二〇一九年底的台視攝影棚，當時有幸邀請他上我的人物專訪節目《台灣名人堂》。在那之前，我對他的印象就和大家一樣，是電視上吸引著所有婆婆媽媽目光、那位溫文儒雅、帥氣十足的天菜大廚，沒想到短短一小時的深入對談之後，我內心對他的敬意油然而生，這才發現之前佩服他煮了一手好菜實在太膚淺，鴻哥長久對推展美食文化的熱情與執著，以及充滿智慧與溫暖的內心，才更令人激賞。如此一位享譽國內外美食圈的好大哥在新書出版之際，邀請晚輩我撰寫推薦文，實在愧不敢當，但也深感榮幸有機會聊聊這位我心中的「行走的美食文化百科」。

認識鴻哥之前，本以為美食家一定是動輒談及高檔美食、嚐遍百味珍饈，萬萬沒想到進一步認識之後，才從他的社群媒體分享的生活點滴中窺知，其實比起星星滿天的米其林的奢華高檔料理，他更著迷於質樸實在、人情味充滿的在地好味道。

身為知名主持人，他樂於走進巷弄間，和這些隱身在民間的無名大廚交心，懷抱著一種英雄惜英雄的心境及氣度，用他十足敏銳的雙眼和無比細膩的心，看見真情。在崇尚無菜單料理、fine dining 充斥的現在，他筆下小吃背後的人情味更顯珍貴，一如他在書中提到的：「吃的是簡單的食物，找回的是最真實原始的初心，一種感受生活平淡美好的本能天性。」儘管眾聲喧嘩，他在字裡行間，仍堅持記錄下台灣街頭飲食的歷史軌跡，細數那些仍默默守護著你我成長記憶的吃食小攤。

台灣小吃聲名遠播，甚至成了許多外國觀光客和異鄉遊子心心念念的味道，在這本《陳鴻的美食散步》中，羅列的私房口袋名單精彩萬分：北從鴻哥早年任職報社時期記憶中的萬華什錦麵、南到高雄海光俱樂部中餐廳、東至台東傳承六十年的老店「木可蘿蔔糕」，乃至於落腳於百貨公司、用心將台灣老味道融入新食尚的「真心台菜」、高端訂製美食「芃卓」，甚至遠至海外新加坡、馬來西亞的飲料、蛋撻名店……，往往一個短篇就囊括了在地精華，內容豐富而深刻。雖說美食是青菜蘿蔔各有所好，但相信不同品味的饕客都可以在本書中找到滿足自己味蕾的好餐廳。

人們對美食著迷，絕不僅止於舌尖上的滿足，更引人入勝的往往是在背後所蘊含的飲食文化及人物故事。從本書中，讀者們不僅能一窺美食作家的口袋餐廳名單，更能透過他細膩的筆觸，去深究那些廚房背後的動人故事，與其說這是一本美食地圖，我倒覺得更像是一本美食文化集錦，必須經過長期積累、發自內心真誠交流，方能成就這樣一本著作。

此外，這也是一本集合了人生智慧精華的心血結晶，鴻哥嚐遍了餐盤中的酸甜苦辣之外，也體會出了人生的千滋百味，如他文中所述：「做人沒有人能煩惱你，除非你拿別人的言行來煩惱自己；沒有放不下的事情，除非你自己不願意放下。日子，過的是心情；生活，要的是質量。」一種灑脫自在的人生態度，往往令聽者豁然開朗。

從美食到心靈，這本書能帶給您的收穫超乎預期，待闔上書頁時，或許您也會和我一樣，帶著滿滿的感動，迫不及待出發去探尋書中那間暖胃也暖心的靈魂美食餐廳。

〈專文推薦〉

說美食，說人生

明新科技大學校長　劉國偉

陳鴻，是明新工專時代機械科畢業的校友，對他的初次印象，是一九九七年開始，在電視美食節目《阿鴻上菜》中高大帥氣的形象與幽默流暢的口條；他從工科背景「斜槓」到餐飲美食，跨度之大令人驚豔。

如今，陳鴻已是知名的美食節目主持人、美食專欄作家、大學廚藝副教授；在新加坡、馬來西亞、兩岸美食界擁有極高的知名度。身為他母校的校長，除了替他高興之外，還是替他高興。

日前，他為即將出版的新書《陳鴻的美食散步》邀我寫推薦文，我毫不猶豫地允諾下來，答應後才想起「美食」與「寫作」對我而言，就是一個門外漢，但是，為了陳鴻，只好硬著頭皮上！

《阿鴻的美食散步》書中傳遞的，與其說是「說食」、「說美食」，不如說是「說人」、「說人生」。除了介紹大街小巷的美食之外，也搭配充滿個人情感的內容，讓我們在享用美食的同時，也了解每道料理背後蘊含的意義與廚師的人生故事，這是最令我動容的地方。例如：〈樂華夜市中的女人香〉中寫到：「隱藏在巷弄裡的老味道不需要刻意宣傳推廣，走過半個世紀的歷史，只有內行人才知道的『麵嫂』麵攤，憑著口碑和實力也能在時光流逝中飄香傳承五十年。小吃未必會有高級的材料，但會讓人百吃不厭，黑白切看似簡單，卻不一定像想像中的簡單。吃過的老主顧都公認麵嫂阿香是黑白切的魔鬼……。這些地方的風味小吃可以說是上一代對愛的表達，那個年代的人不會把愛輕易掛在嘴上，只能藉由吃食，不厭其煩，認真的把尋常的食材做出不平凡的智慧。」

〈溫羅汀裡的小幸運〉中訴說：「我們經歷了一場疫情時代的世紀災難，很多老客人擔心店家因此放棄，紛紛挺身而出支持……非常時期才能真正體會到溫情滿人間。

防疫不容輕忽，想法轉個彎，生活變更寬。回頭已不是從前，再見已不是少年，吳大哥感謝您默默的在做自己，可以選擇舒適圈卻不斷地挑戰自己，願意在人潮退減的時候，給喜歡您作品的人繼續提供這一碗帶著真情美意的雞湯麵……」

其次，我特別喜歡他那走街串巷，引領我們品嚐「享受不在花錢多」的平民美味料理，體驗不一樣「美食散步」的方式：從台北、台中、花蓮、屏東，到鹽埕、左營、楊梅、北海岸、吉隆坡等大城小鎮，感受豐富多樣的美食文化。

例如：〈條通的白天與黑夜一樣美麗〉裡傳達：「時光太快，生命太短，但往往人生最感動、在記憶中最念念不忘的，不過是一餐一食，相當簡單。珍奇和昂貴的食物我們也是吃過不少，唯有一些普通平常的媽媽的味道，最能讓人感到幸福與滿足。」

〈我在台北的深夜食堂〉中提到：「從小在台西吃海鮮長大的淑玲姐，在四味海鮮羹奉獻超過三十年，凍齡的肌膚跟身材就是最佳的海鮮代言人。她特別把林媽媽從台西海邊寄來的愛心補給，用充滿膠質與高鈣的深海魚骨熬合而成濃縮鮮魚湯，再與豆腐一起煮，起鍋前淋上蛋液，五秒後熄火等待後熟，保持像海帶芽一樣的柔嫩飄逸，只要加點白胡椒粉，灑上三星蔥花，廚藝境界中的『完美煮義』完勝市售滴雞精。這碗比老母雞滴雞精的風味還珍貴的鮮魚豆腐蛋花湯，來不及說再見一口氣喝光，瞬間眼睛為之一亮……」

最後，《陳鴻的美食散步》介紹的美食散步路線包羅萬象，從吃到頭頂冒煙的什錦麵、人見人愛的蚵仔麵線、豪邁霸氣的台式海產店、有靈魂和煙火氣的滷味、法式餐廳突破菜色極限的無菜單料理、回歸原生食材的森林系大地料理，以及屏東賞花採花吃花的幸福小旅行……當中不只有年輕人充滿創新與勇氣的創意料理，更多的是看見不少台灣歷史老店的專業堅持，勾起人們記憶中令人懷念的古早溫情與感動。

除了美食故事，書中也談到陳鴻獨特的養生哲學、進退有度的服務藝術、職人精神以及對傳統手工製作的堅持，強調珍惜有溫度的食物和記憶。

真心期待這本書能夠大賣，能夠將這樣美好的觀念想法傳遞出去。讓我們與陳鴻一起加油，加油！

〈自序〉

人間有味是清歡

每個城市裡都隱藏著無數個精采動人的故事，每到一個新的地方，我不愛去那些知名的打卡景點搶熱度，卻偏好穿街走巷，和母親或是獨自一人隨興悠閒的漫步，探索城鄉角落中不為人知的「寶藏秘境」。非常幸運的，我總能在轉角遇見愛，發現一家又一家令我驚喜與感動的小店鋪。當然，就算偶爾也會踩到雷。

我是個喜歡聽故事的人，也喜歡和朋友們分享我在各地的所見所聞，尤其是和三五好友找個天氣好的日子，大夥兒歡聚一堂喝茶吃飯，交流分享彼此的近況，真的是偷得浮生半日閒，簡單又容易滿足的快樂。

此情此景就如同宋代文豪蘇軾所說的「人間有味是清歡」，「有味」指的是食物美味，其中也包括了人情味；「清歡」是恬靜閒適的感受，也是尋找自我的方式，是一種至高的人生境界。它並非來自別處，而是來自對於藝術、疏淡、簡樸生活的追求和熱愛。

蘇軾和友人在午後品嚐好茶，茶湯上飄著雪白的泡沫，品嚐新春時節的野菜，盤子裡的蓼茸蒿筍都極為甘甜可口，人間的好味道就在於這些清新美好、令人感到喜悅的事物之中，這就是我常說「給我對的，不用給我貴的」。現代人的生活太過匆忙，總會不知不覺中錯失很多值得珍惜的人事物，這幾年因為疫情的緣故，改變了很多事，同時也讓我們失去了很多。事實上，人生就是不停的相逢與告別，來時來，去時去，聚散有時，終須一別。於是我們更加懂得勇敢去愛，努力付出，心懷感激，並且學會把握當下。

好吃的白飯很重要！熱炒店沒有白飯，就像是談戀愛沒有靈魂，稻米是台灣的在地方物，經濟實惠，品質不輸給日本珍珠米。如果喜歡某個店家請多多去消費，餐飲業跟人生一樣，就是互相尊重。很多人之所以在意，是寬容與體諒，是支持好好生活的最重要信仰。人與人之間最好的關係，就是彼此成全，互利共贏。當我們受到他人的慷慨相助，唯一需要做的，僅僅是感謝。

從小我喜歡蒔花弄草，因此常以「創藝」代替生活中的一成不變，也喜歡旅行。

過去的工作履歷不同的城市，走走停停觀察社會百態，看到小鎮店家把餐飲跟做人一樣越做越開心，感染那股幸福；學習庶民生活的態度，感動於他們的身教言教。我熱愛老社區的新色彩，展現地方創生世代交替，不斷演進，疫後更加覺得社區生活治療心靈之必要，總能讓我以繽紛色彩圍繞自己。除此之外，也深愛地方食物背後的故事，最愛它們沒有米其林的包袱，或是得獎榮譽的限制，自信地在同中求異，每每與我結下一生中難得的緣分，重拾吃飯是感恩的心情。

人生匆匆只等一個喪鐘，證明了最重要的人事物其實無需任何代價，無需捨近求遠，在最近的地方看見善良，是我用來矯正現代生活方式的一劑良藥，因為有美味融入的生活，分秒似乎走得特別慢。英國人有一句生活哲學：每生氣一分鐘，就失去了六十秒的快樂——何不將六十秒的快樂與美味關係擀成悠長的迷人光景？生命即將屆滿一甲子，放眼時下很多雞湯語錄，所謂「吃茶吃餅揚古道，施言施棒皆玄音」，實際上這本美食日記是商周出版與一群很專業的文化工作者送給我至今最滿意的禮物，幫助我完成一段散發沉靜況味的記錄。

人生最終目標就是沒有煩心事、容易滿足，這樣的人才有資格稱幸福。所以在《陳鴻的美食散步》裡除了有在地美食，有俯拾皆是的巷弄風景，還有最能打動人心的人文風情，以及阿鴻這一路走來的心路歷程，平凡生活中的點點滴滴。

記得很久以前曾經流行過一句廣告詞：「有人用筆寫日記，有人用歲月寫日記」，而我則是習慣用味蕾寫日記，在足跡所及之處，試圖將這些雪泥鴻爪保留下來，寫下一頁頁屬於我，也屬於你的日記，而這是我們這一代人能夠留給時光最好、最美的相遇。

本書的封面照片選自我喜歡的 Sophie HONG 系列作品，出自國際攝影大師許培鴻老師之手。法國巴黎的每個街頭巷弄在他的鏡頭下，都顯現出自己的故事。感謝服裝設計家洪麗芬及攝影家許培鴻兩位國際大師的美學創作，讓這本書增添亮點，豐富多彩。

陳鴻

於二〇二三年六月十三日

CONTENTS
目錄

〈專文推薦〉暖胃也暖心的美食文化集錦／侯乃榕 002
〈專文推薦〉說美食，說人生／劉國偉 005
〈自序〉人間有味是清歡 009

記憶中的暖心滋味

串起青春歲月的鄉愁：陳記、泉州街蚵仔麵線、同心麵線 018
溫羅汀裡的小幸運：吳媽媽雞湯麵、幸福豆雲 023
艋舺大道的美食散策：名廚什錦麵 030
樂華夜市中的女人香：阿香麵嫂、旗津深海魚湯店 034
寶桑路的古早傳說：木可蘿蔔糕、楊桃冰 041
發覺生命中的美好：捌伍添第、東區天后宮 045

漫遊生活的一日三餐

早餐的豐盛到深夜的精采：藕家、港都茶樓 054

剛剛好就好的生活哲學：村卻國際溫泉酒店、羅東紅豆湯圓 059
離塵不離城，放空的好地方：花蓮池上便當、周家小籠包 064
客家庄的慢遊與樂活：楊梅公有第一市場、好窩有花咖啡廳 069
我在台北的深夜食堂：四味海鮮羹、饒河夜市 074
唯有愛與美食不可辜負：大花農場 078

老火新食尚

越在地越國際：海南鄉無肉餐廳、億園炭火福建炒 086
東風西美跨界合作：果木小薰、Pa Pa Rice 092
高端訂製美食，打造台灣米其林：Le beaujour 芃卓、ＶＧ集團 099
重現經典中的老味道：聚聚樓、真心台菜 107
美食發源地的新亮點：鼎王、無老鍋、灶鼎 113
帝王等級養生料理：極膳頂級草本鍋、鹿茸創意料理 119

追憶舊日食光

竹籬笆外的春天：海光俱樂部中餐廳、蔡氏冰釀鴨 126
異國美食何必捨近求遠？：小倉屋鰻魚飯、水底寮無刺虱目魚專賣店 133
充滿愛與記憶的台灣麵：台南陽春麵店、撒旦牛滷味、鐵皮屋牛肉麵 139
六條通媽媽桑都說讚：姑嫂麵、HANA鉡鐵板燒 144
條通的白天與黑夜一樣美麗：象牙紅咖啡、九條楊海鮮餐廳 150
跟著老兵一起留下來的台灣情懷：燒餅油條豆漿店美食地圖 156

平凡中的不平凡智慧

用勇氣譜寫的水手之歌：深澳沙魚烟大王 166
社區媽媽的魔法料理：快樂小吃 171
東成西就的包子女王：御膳品水煎包、紅林包子 175
情比姊妹深：新小微漁坊海鮮餐廳 180
女王CEO餐桌：慧公館、欣葉餐廳、河邊集團 186
在時光走廊重拾舊夢，找回初心：花旗雜糧蛋糕 190

嫂

記憶中的暖心滋味

串起青春歲月的鄉愁
陳記、泉州街蚵仔麵線、同心麵線

蚵仔麵線是很常見的國民小吃，但只有萬華陳記、泉州街蚵仔麵線、同心麵線，他們才是我心目中的天下第一麵線。

在和平西路三段的萬華區一帶，很容易發現一堆人排隊的人氣小店；有些店面雖小且不甚起眼，卻都有些年頭，同時又擁有極為死忠的支持者和廣大粉絲。後來我慢慢察覺到，台北幾乎每個角落裡都有屬於自己社區代表的麵線口味，形成一種社區獨有的味道，況且青菜蘿蔔各有所好，沒有絕對的美味，只有符合更多人的經典風味才能夠歷久彌新，持久不墜。

如果您嚐過阿忠麵線，請您再嚐嚐跟我同時間一起出道，可以說狂掃全台灣蚵仔麵線的第一品牌，看似簡單卻不簡單的「陳記腸蚵專業蚵仔麵線」，就可以體會什麼是「同款不同師傅」的天壤之別。

這家店距離龍山寺捷運站只有五分鐘路程，一路上慢慢地散步過來，還可以順道逛逛附近各種小吃。店門口的招牌有嫦娥奔月的Logo，易於辨認，絕對不會跑錯家，至於嫦娥和麵線究竟有什麼關連，原來關鍵字在於「腸」和「蚵」（台語發音），看來老闆也是挺幽默的。

陳記專業蚵仔麵線的滷大腸超入味，軟Q中帶點脆脆的口感，直接當成配菜來吃也很棒，顯然老闆對於火候的掌握十分精準到位；蚵仔的個頭比大顆的，簡直是鮮嫩肥美，飽滿多汁，這一碗麵線料多實在，造就了萬華美食圖鑑的新區塊連結，可謂功在地方，萬人擁戴，痴心絕對。

而泉州街一碗滿滿蚵仔幾乎看不到麵線的蚵仔麵線，是誠意小哥剛從他父親手上接棒過來的，我們吃到認識都快三十五年了。猶記我二十多歲青春少年時剛來台北報社上班，當時租屋住在廈門街，自然會往附近方圓百里覓食。

第一次在泉州街發現一個人氣小攤，只有在傍晚時分才出現三、四個小時，來晚就吃不到了。馬路邊不時會有大卡車經過捲起滾滾風沙，加上生意太好，即使沒有可以坐下來好好吃東西的位子，也有一堆人圍著一個小攤位或蹲或站著吃，成了特殊的泉州街路邊景象。

對於一個只知道麵線糊的新竹人來說，泉州街麵線是一種相當特別的愛的初體驗。當時還驚豔不已：「只有台北敢玩這麼大！竟然把生蠔和豬內臟加到麵線裡，而且還加蒜蓉和香菜這種重口味的調料。」但這也是讓我對蚵仔麵線產生好感的味兒，原來這才是阿鴻與蚵仔大腸麵線的初戀滋味，和老家新竹只吃麵線糊的口味大不相同。

淺淺的古早陶瓷碗裡料比麵線還多，就是這碗吃了可以回到那年青春無敵感覺的麵線，滿滿的香菜趁熱先拌一下，等到香氣完全釋放，別家怎麼吃就是沒有這種料豐味美的感覺。經過群聚效應，十年後加入黃家香腸，當初香腸烤爐是掛在摩托車後載上的，如今因為有口皆碑、人氣爆棚，直接影響到交通，只好被員警杯杯要求退縮到現在看到的不起眼的店面。

如今三十個年頭過去，從第一代到第三代，那種吃到口腔氣味像發生意外事故重創的口味依然沒變，只是價格已經翻了三倍，但依舊人氣未減，最重要的是他們做自己有把握的品質，沒有亂加盟到處開點，因為不貪心加上互助拉抬，才能在不景氣中不受影響。

後來泉州街麵線加入比別人多的香菜獨特口味，搭配隔壁黃家香腸儼然已成為許多老饕心目中媲美麥當勞套餐且更絕妙的中餐組合搭配，只要吃過一次保證上癮。這幾年在上海養老，天天面對的多是發嗲的濃油赤醬，這些有個性的台北味道讓我如何學會放下饞念的鄉愁？

記憶中不變的醇厚味道

這兩年的疫情讓我養成宅男的生活習慣，減少騎著摩托車載著母親到處穿街走巷的機會。趁著陰涼的天，徐徐的微風再次出發一起去兜風，利用品嚐美食去探望好久不見的老朋友敘敘舊。

古亭區的同安街是一條早期文青聚集的名人巷，有國民政府喬遷來台前就日常生活用品應有盡有、信用可靠的雜貨鋪，還有後來居上、川流不息的「同心麵線」，用細如髮絲的紅麵穿針引線，把異鄉遊子的鄉愁撫慰得服服貼貼，這種記憶中溫暖、醇厚的味道，即使隨著時間的流逝也不會改變。

「同心麵線」的曾媽媽我都習慣叫她「阿母」，阿母跟媽咪是同義不同譯，是古代人叫娘親的稱呼。阿母她來自澎湖七美島，自小就在海邊長大，所以「鮮」字她最有發言權。阿母從前曾經擔任長照照服員，其細心程度從她一次又一次，耐心的漂洗來自嘉義縣東石鄉的鮮蚵就能看出。她仔細、專注地把貝殼雜質挑出來，再用溫柔的雙手，讓飽滿的生蠔創作出寶島社區媽媽最擅長的蚵仔料理。

生蠔是最給力的夏天食補食材，蠔酥應該是喜歡吃鹹酥雞種類中最高等級的品項吧！以生蠔為主題連老外都愛的同心麵線，小小的一家店僅有四坪不到的空間卻能凝聚力量，全靠曾媽媽那來自海邊與宇宙之間的能量。

這裡的厚切臭豆腐，可以百分之一百吃到豆腐的蛋白質經中藥滷水發酵後的保濕效果及香氣，讓你體驗一下真正的「老皮嫩肉」。過去我都習慣把臭豆腐的毛細孔炸到變成蜂窩狀，再淋上了堪稱是火山爆發等級的鮮香辣醬，還有老闆不計成本的蒜泥代替哇沙比，然後張大嘴巴，一口送入融岩爆漿，一股熱氣直衝腦門的刺激快感真的才叫爽。

阿母說蜂巢臭豆腐跟加了九層塔一起炸的蚵仔酥，再配上從冷凍庫拿出來的五十八度金門陳高最對味，這可是她從不外傳的獨門秘笈。我知道天性樂天的阿母是想拖我一起下海，但在今晚的兩個小時原地跑步還沒有結束前，我是絕不會輕易淪陷的。夏天消暑身旁一定要有阿母這樣的酒伴，很容易被感染一種純天然的嗨，不知不覺跑步時也會感覺含笑半步癲。

溫羅汀裡的小幸運

吳媽媽雞湯麵、幸福豆雲

遇上沒下雨的日子，有時會帶著母親從泰順街、師大路一帶，悠閒地散步到台大公館，一方面趁著天氣好出來遛老小孩，也順便隨意逛逛，探索城市裡的小角落。其實走到哪裡我都可以很開心，不一定非得到大江大海，名山勝景打卡，高調示人到此一遊，只要能夠融入在地，便能心生歡喜，小日子也能過得挺滋潤。

每次到泰順街，總會想起從前在防空壕賣米粉湯的阿姨，那種獨有的老味道也只有在那個年代才能找到。回程時會在龍泉市場裡的「吳媽媽雞湯麵」買些熟食回家，有時候也會坐在攤位上吃著熱呼呼的湯麵，看著市場裡熙來攘往的人潮，以及小攤上絡繹不絕的食客。

「吳媽媽雞湯麵」並沒有正式的店名和招牌，這是我對他們家的暱稱。幾十年來，他們一直默默堅守在龍泉市場裡，正如〈小幸運〉歌詞裡所說：「人理所當然的忘記，是誰風裡雨裡一直默默守護在原地。」這也是我對這家小攤打從心裡敬佩與感念的原因之一。

說話靦腆，帶著文氣的吳世賢先生，我們認識迄今已經超過二十年了。當年因為手藝高超，人緣極佳的吳媽媽驟然離世，那時候尚擔任公職人員的吳大哥毅然決然接手，放棄安逸穩定的工作，克紹箕裘，全身投入至今，為的不只是生計，還為了一份孝親的使命感。

還有好多跟隨母親多年的鐵粉住在師大夜市，附近好多公教人員、懂得欣賞品質生活的家庭都是吃吳媽媽雞湯麵長大的。不顧眾人艷羨的眼光接棒，放棄穩定性高的鐵飯碗，一躍成為市場裡真的型男主廚；「豔羨」的意思是羨慕的眼神，後來吳大哥也翻轉了大家一開始完全不看好的觀點，如今成為一個隱藏版的人情小吃CEO，時間完全操之在我。

很難想像經由他承襲母風，用心對待手作後，像可以吃的藝術品一樣，連雞肝下水可以對湯，也可以原味白切，淋上特製油膏都成了大家爭搶秒殺的人氣商品，這話真的一點都不誇張。

To：阿鴻.

1. G×1.

（附G高湯、辣油、油蔥）

2. 米粉湯 1碗

（因熱湯多，附鹽一包，若味道不夠了，請自行調味，另附韭菜請自行加入，因韭菜浸泡太久，不好吃！）

謝謝。

吳世賢.

一個人的成功真的不是沒有道理，把十年前的小紙條拿出來仔細觀察，從工整的字跡、清楚的邏輯、體貼入微的溫馨提醒，您就可以領會在一個逐漸沒落的傳統市場裡，為什麼經常一大早攤位上便會出現排滿了熟門熟路的識途老馬，而且大家還願意耐心等待療癒美食的群聚畫面。

「吳媽媽雞湯麵」每天清晨六點就開始營業，搶鮮推出原汁原味。這個像珠寶大展擺滿各式熟食，色彩繽紛演繹出生命活力的菜市場小吃攤，攤位上的嚴選食材採限量推出，畫面被姑婆芋葉襯得活色生香。點播率超高的幾種熱門美食往往早早就銷售一空，果然是早起的鳥兒才能「搶得鮮雞」。媲美奇珍的珠寶大展，讓生活充滿儀式感，可以給足一天自我挑戰的力量。

我們經歷了一場疫情時代的世紀災難，很多老客人擔心店家因此放棄，紛紛挺身而出支持：「日子雖然難過，但還是要買早餐，有段時間市場裡真的沒有人，我只能買好買滿，共度難關。」非常時期才能真正體會到溫情滿人間。

防疫不容輕忽，想法轉個彎，生活變更寬，回頭已不再是從前，再見已不是少年。感謝吳大哥默默的在做自己，可以選擇舒適圈卻不斷地挑戰自己，願意在人潮退減的時候，給喜歡吳大哥作品的人繼續提供這一碗帶著真情美意的雞湯麵，吃一次就少一次，有機會您也一定要來試試看。

另一種簡單的幸福

在溫羅汀有一棵著名的台電加羅林魚木，每年到了四、五月間，大雨過後會突然一夜盛開綻放，滿樹黃白相間的花團錦簇非常壯觀，外形猶如許多蝴蝶圍著繁花一樣翩然起舞，和「幸福豆雲」店內的豆花相映成趣，煞是好看，也成為社區裡另一種簡單的幸福。

杏仁茶配油條已成了台菜餐廳的標配，但如果想喝到沒有加澱粉勾芡，用南杏磨出來的純正杏仁奶可以前往「幸福豆雲」一試。主理人吳謙信是我二十多年的好朋友，他是個斜槓斜很大的藝術工作者，早期在廣告公司擔任商業攝影師，後來對推廣養生有興趣，在麗水街附近的「青春之泉」推廣地中海養生料理及雜糧麵包。

在還沒有吳寶春師傅的年代，他的作品返樸歸真，深受大學教授及文青族群的喜愛。不過他做生意真的很有個性，明明最懂行銷卻從不 Hot Sale，像姜太公一樣只求等待真正懂得欣賞的有緣人。後來雜糧麵包紅了，拜天龍國的房東所賜，房租惡性漲價，因此再次搬遷到羅斯福路三段二八三巷，台灣大學對面的巷內，就此展開「幸福豆雲」的另一章。

轉角遇到你

這不是一家傳統印象中的台灣豆花店，沒有太多奇怪的各種配料，因為老闆堅持不加含有添加防腐劑的加工食品，對於來路不明、過於鮮豔和白皙或是口感過於Q彈的產品一律謝絕合作，有空也不用再聯絡。薑黃薏仁豆花剛入口時很辣，薑水的味道很淡，裡面有薑黃、薏仁、大紅豆、豆花堆疊在一起，讓所有的食材躺在像雲朵般的豆花上交織出不同的芬芳，豆花口感細緻綿密，軟嫩可口，份量可謂誠意十足。

店裡以純素豆花為主，採用手工製作，偏好豆花口感扎實的人會喜歡，可加糖水或豆漿，冷熱皆宜。芋圓豆花裡自製的芋圓同樣是走扎實路線，頗具口感，跟坊間QQ的塑化原料口感不太一樣。這個季節最推薦來一碗熱熱的杏仁茶豆花，除卻古早味的杏仁茶香味外，還帶點微微的焦香，杏仁渣感不重、不卡喉，即使是平常很少喝杏仁茶的人也一定會愛上的。

其他主食種類也如同日本人對精緻料理的態度，京都豆乳拉麵份量充足、經濟實惠，主理人堅持用好食材做料理，也考慮能做到大眾化，對素食者十分友善。京都豆乳拉麵滷豆腐已是精髓，加上自製花椒更是絕配，五菇拉麵五種菇類調味都不同，腰果點綴非常加分，不僅料多、湯頭濃郁，一樣有超讚的滷豆腐，八角味適中不搶戲。

我有很多住在大馬而且非常喜歡蔬食的朋友想多認識台灣的素食餐廳，我也會推薦他們一定要學台北人喜歡穿街走巷的生活方式，邊走邊玩，就能轉角遇到「幸福豆雲」。

艋舺大道的美食散策

名廚什錦麵

鐵路地下化之後，一條艋舺大道把萬華切成兩半，從大理街到剝皮寮老街的精采不斷，老萬華人的日常及後火車站附近的商圈，那些舊時光中累積的精采人文與美食底蘊，值得我們一起來重溫與探訪。

早期因為在報社工作，所以對萬華有一份特殊的情感，來台北的生活養成日記萬華區也佔了很大的篇幅。從前圍著火車站附近的大理街是著名的「女人成衣一條街」，有機會的話很想再去尋找一下在騎樓的排骨酥湯、魷魚羹乾麵，還有在火車站前擺攤的花枝羹。

很多從前的老味道隨著西園橋拆除後，像珍珠串一樣散落四處，就我知道的壽司、蚵仔湯還在，還有一些現今的地標：包括許多CEO會專程去的熱海海鮮餐廳，在凱達大飯店、台北市勞工局另一邊有阿萬油飯刈包、萬華仙草冰；隱藏在全聯超市巷子裏的阿婆米苔目，現點現場剉冰，這種堪稱骨灰級的非文化遺址，也只有哈爾濱的冰雕展出能相比擬，還有下午才會出現的無招牌潤餅捲攤車，這些都是養了好幾代萬華人的老味道。

現在聞名全台的「阿默蛋糕」就是在這裡建立品牌，奠基市場。記得三十年前，我在下班後會去買一大包NG蛋糕，都是蛋糕師傅修整後的邊角料，雖然外表不很稱頭，但足以療癒一個人在台北的生活，讓人感覺很香，很幸福，那是一種存放在記憶中，猶如初戀一樣單純的小美好。做人沒有人能煩惱你，除非你拿別人的言行來煩惱自己；沒有放不下的事情，除非你自己不願意放下。日子，過的是心情；生活，要的是質量。

早期台灣人把什錦麵視為一種奢侈品，至於要如何演繹一碗完美的什錦麵，每一家店都有各自的眉角和學問，從麵體開始到湯底，再者配料用新鮮劍蝦來提鮮，每一處小細節都是講究但不將就。每一個人心中都有一個位置，用來放置最懷念的什錦麵，至於台式什錦麵跟北方人吃的搶鍋麵有什麼不同？一個是用加了鹼的油麵，另一個是用白色的板麵搭配油鍋裡的梅納反應，把鑊氣用雞湯或豚骨高湯調和鼎鼐一氣呵成。

渾然天成的一碗雜菜湯麵，先放蔥蒜木耳絲，再多加顆雞蛋，下少許油，在鍋中炒出香氣四溢。只是青菜蘿蔔各有所好，多半都是利用在地新鮮食材採紅擷綠，看似簡單卻不平凡，一碗家常湯麵滿載著一日三餐和一年四季，尋常生活裡的幸福味道。

「名廚什錦麵」的負責人也是研發節能金剛爐的CEO袁志祥先生，每一碗麵都是新鮮現煮，親力親為的態度感動了附近的街坊鄰居，因為用心看得見，所以大夥兒都成了老主顧。去掉多餘油膩與負擔，以蔬菜老母雞湯加入東石鮮蚵、中卷、肉片、粉肝、劍蝦、白蝦、虱目魚丸、紅燒入味的鵪鶉蛋，同時還有健康概念的蕎麥麵缺一不可。這樣的料理得到很多前輩的肯定，連最早在希爾頓飯店的劉再傳主廚及曾加入李安執導電影《飲食男女》的圓山飯店前行政主廚林昌城，也是袁先生最佳的榮譽顧問，多位職人經常交流意見與想法，再試圖為這碗什錦麵打造成進化版的經典。

吃麵再點上一份炸豬排，然後再搭配炸年糕，這就是老上海人最喜歡且洋氣的成套吃法。炸排骨來台是從清朝還是國民政府遷台，成為台灣的庶民美食已不可考，但是一碗厚實的湯麵搭配冒著煙火氣的炸排骨，簡直就是廣告裡常說的perfect。飯後再來一杯老闆自己熬煮，沒有人工添加的桂花酸梅湯，開胃健脾，沁涼入心。

藉由一碗湯麵重返榮光歲月，這的確是我三十五年前初來乍到台北老萬華的人情味，難得美好如初，一如當年，風味至今依然沒變。生命本是一場奇異的旅行，遇見誰都是一個美麗的意外。有願才會有緣，如果無願，即使有緣的人，也會擦身而過。

如同質量不滅定律一樣，好東西都會再繼續分享下去，連已經宣佈交棒退休的麗珠什錦麵，後來也再次回歸搬到隔壁，以後就要把興寧街一起打造成台北市最知名的什錦麵一條街，呼籲各路英雄好漢一起來共襄盛舉，讓巷弄美食更具傳奇性與故事性，表現不同的品牌魅力。

從龍山寺公園原址的古早味小吃，到西園橋走入歷史後，景物更迭，人事已非，感謝這些生命的滋味，再次喚醒我對年輕時混艋舺的最初印象。未來社區文化的發展應該藉由味道認識周遭環境，構建美食散步地圖，重現過去老萬華人的底蘊與榮景。

務必代我向萬大路上傳承兩代潤餅捲，還有陳記專業蚵仔麵線的陳媽媽，跟三味食堂老闆虎哥問候一下，大家能堅持這麼多年，都是很不容易，很有實力的老朋友。他們代表的是這塊土地的生命力，難忘這些陪我一起成長的老味道，礙於我把肚子全都奉獻給這碗豐盛澎湃的名廚什錦麵了，期待很快再來舊地重遊，一償夙願。

樂華夜市中的女人香

阿香麵嫂、旗津深海魚湯店

永和樂華夜市的巷弄裡有許多著名的美食，對我而言最大亮點卻是阿香麵嫂和旗津深海魚湯店。兩位老闆娘身上都蘊含著一股獨特的「女人香」，她們在面對人生磨難時，反而更能展現女性特有的韌性與堅強，讓這兩家店除了食物的香味之外，彷彿還飄散著無形的馨香，讓人來此好像嗑了藥，莫名感受到一種鼓舞力量。

隱藏在巷弄裡的老味道不需要刻意宣傳推廣，走過半個世紀的歷史，只有內行人才知道的「麵嫂」麵攤，憑著口碑和實力也能在時光流逝中飄香傳承五十年。小吃未必會有高級的材料，但會讓人百吃不厭，黑白切看似簡單，卻不一定像想像中的簡單。吃過的老主顧都公認麵嫂阿香是黑白切的魔鬼，一盤鮮嫩的清燙地瓜葉，好吃到盤底朝天一根不剩。這些地方的風味小吃可以說是上一代對愛的表達，那個年代的人不會把愛輕易掛在嘴上，只能藉由吃食，不厭其煩，認真的把尋常的食材做出不平凡的智慧。

前些時候看到阿香麵嫂，總會不由自主想起日本一首描述二戰戰敗後景象的歌〈悲しくてやりきれない〉（哭不出來的悲傷）。自從麵嫂先生仙逝後，阿香為了撐起母親留下來的麵攤，即使罹患癌症持續治療，外人難以明白箇中艱辛，但是金牛座的性格不想被人同情和可憐，無論再苦、再難仍要咬牙硬撐。

撐起一片天的女神龍

阿香姐除了扮演九十歲老母親的女兒，她同時也是一個為母則強的母親，在當下沒有資格說累喊苦。看不見的傷口最痛，說不出的委屈最苦，人生長路漫漫，誰都會遇到挫折與坎坷，面對苦痛與磨難，有些人不想被同情，所以選擇了咬緊牙關，意志如鋼鐵一般的堅強，阿香就如同隱藏在樂華夜市裡的傳奇人物一樣。

這兩年第一代麵嫂高壽辭世，人生中每一次的告別總是令人不捨與傷感，卻也明白了人生就是不停的相逢與告別，來時來，去時去，聚散有時，終須一別。之前巧遇，她總能清楚記得三十年前我第一次來吃麵的情景，從一個有智慧的長者身上，我學會了人生沒有白走的路，每一步路都算數，生命中承受過的苦像繭一樣，都可以累積成為生命的厚度。有些美好的畫面可以留在生命裡，有些事情可以轉念，讓時間帶走，風流雲散，一別如雨。這世間最珍貴的不是已經失去的東西，而是你現在所擁有的一切。

我與阿香同年，一路走來相知相惜，建立起一種革命情感。看到這個小吃攤能夠讓她搞得風生水起，幾乎撐起半個樂華夜市的人氣，除了佩服之外，也學習到她的待人處事跟麵攤上的黑白切一樣真。在講究人際關係的社群，到處都是表裡不一的鄉愿裡，有阿香這麼一個直來直往，不矯情，不向命運低頭的女神龍，姐的真人演出固然不是票房電影，卻也成為在地人都知道的民間傳奇。

在樂華夜市另一頭，位於八十五度C對面的「旗津海鮮湯」，則是讓人能吃到來去鄉下住一晚的小清新海洋的氣味，兒時在新竹的點滴回憶瞬間湧上心頭，讓我能夠再度享受這種在家被照顧的幸福。

每回來此總是人聲鼎沸，高朋滿座，晚來一點，新鮮的食材很快就被饕客們一掃而空。老闆夫妻兩人在空間不大的地方，站在一整排火熱的鍋爐前，卻仍然能夠有條不紊的迎迓著川流不息的訂單，這都要歸功於老闆娘冷靜自持的個性。面對聽力不

佳，遇事容易急躁的另一半，仍然能輕聲細語，站在身旁溫柔堅定的安撫情緒，以胸中自有丘壑的神色，泰然自若地引導一切，就像搭配得天衣無縫的探戈一般，俐落颯爽，果決有力。

羅丹說過，這世界並不缺乏美，而是缺乏發現美的眼睛。我被這種溫柔強大的力量，和只有夫妻老婆店才有的無間默契所感動，我想，所有的顧客會到這裡一定有其緣由，除了美食之外，更想吃到一種生命的滋味，一種在別處感受不到的體會，看到這些認真努力做著吃食的人們，讓人忍不住想為他們歌頌傳揚這種生命的內涵。

找到懂你的「深夜食堂」

平時我特別喜歡喝一大碗用鮮魚時蔬煮出來，冒著煙氣的熱湯，才能讓自己獲得能量，有回到家的感覺。老闆娘特別為阿鴻推出「定製版什錦麵」，加了雞湯滷煮入味的桂竹筍與豐富多彩的菜料，現煮成獨一無二的海鮮什錦麵。她總擔心我餓，說我吃的太少，我告訴她，我從小就是喝湯長大的，越燙越爽。

如果你曾在《深夜食堂》看到有一集介紹湯麵不加麵，劇情描述在這個世界到處都有各種不同性格的人，他們需要找一個可以幫忙客製餐飲的小店，滿足內心深處的慾望，我相信人能溫柔，是因為年少時遇見善良的人。到小店用餐跟應酬吃 fine dining最大的不同就是可以不用說話，專心地趁熱一口氣吃完一碗麵，吃到頭頂冒煙，全身通體舒暢。

加入一大匙秘製的蒜香紅椒辣醬，茄紅素在一碗滿滿海鮮什錦麵中產生的化學反應，這是我一向最喜歡的口味，也是我最愛的綜合維他命。頭上的汗珠排山倒海般噴發，湯鮮到眉毛眼影全掉了，保證這是您在台北遇見最貨真價實的海鮮麵線沒有之一，純手工麵線多了時間手感的鮮活滋味。

我常強調要學法國人吃食物不吃加工食品的生活態度，這家店把新鮮的辣椒和蒜頭用油漬的方式熬煮出一層天然茄紅素的紅油，取適量在麵湯裡就是畫龍點睛的提鮮調味料。伊麗莎白泰勒曾經演過一部電影《青鳥》，世界兜了一大圈，這家店讓我明白，幸福就在身邊，何必捨近求遠？

順應潮流調整不同魚汛，「旗津深海魚湯店」推出清爽的薑絲深海魚湯，搭配與蕃茄紅燒完全入味的虱目魚肚，勝過馬賽濃湯繁複的作工程序，厚厚的一層魚脂入口即化，台灣也有地中海飲食風尚，是我加菜的首選，也是補充優質脂肪和蛋白質的天然保養品。

每個人都有屬於自己味蕾的歸屬，在不同的城市也可以找到懂你的深夜食堂，除了滿足還可以療癒，這才是我最大的歸屬與滿足。

每次有朋友來台，我總喜歡帶著朋友們陪我一起穿街走巷，接接地氣，讓他們可以透過這些在地吃食，親身感受到獨一無二的「台灣味道」，更加瞭解這塊孕育我的土地。吃的是簡單的食物，找回的是最真實原始的初心，一種感受生活平淡美好的本能天性。

寶桑路的古早傳說

木可蘿蔔糕、楊桃冰

每逢過年時，我都會收到來自台東市、在寶桑路上傳承六十年的老店「木可蘿蔔糕」的祝福禮盒，開箱喜見濃濃的人文氣息與在地人情味，讓老太太高興得不得了。

中國人過年很有智慧，利用米食的可塑性將情感凝聚，從歲末年終、感恩節到聖誕節，一連串的活動都適合的應景食品。我喜歡好山好水做的蘿蔔糕，利用純在來陳米搭配台東關山鎮無污染、天然甜的蘿蔔，還可以化作春泥拿來當做明年關山好米的綠肥。將蘿蔔糕切成一方煎到梅納反應的金黃色澤，冷空氣中一入口冒出的煙氣和米香氣韻令人好吃到停不下來。

煎蘿蔔糕是台灣人最早的鐵板燒，簡單卻不平凡的古早味走到每個家庭，從早餐到開趴聚會，把美好的回憶一網打盡、一次打包，一起用好農的台味嗨翻天。

台東過去繁華的寶桑路有著許多台東人記憶中的好味道，其中經營超過一甲子的「木可蘿蔔糕」，是許多在地人每日必吃的精神早點。第五代接班人蘿蔔糕王子柯瑞德說：「誠信，是木可始終堅持的信念！」而老闆口中的誠信，來自爺爺奶奶傳承的做法跟秘方，是長輩留給晚輩的美味，也是木可蘿蔔糕第五代堅持的用料跟手法。

柯瑞德接手研發和行銷，使用祖父流傳下來的古法製作和特別選過的蒸籠，將傳統好味道保留下來，蘿蔔洗淨打成泥，不加一滴水的堅持，越簡單越有味道，真金白銀的邏輯做成在地的伴手禮是台東質感好物代表。

現代人懂得欣賞越簡單越有味道的藝術，不需複雜的調味，只要有好食材，掌握食材的原始美味，不吃肉也可以很享受的台東在地品味，推薦給愛吃蘿蔔糕的人，您一定要嚐嚐看。

八年級生柯瑞德抱著想讓寶桑路再度繁榮起來，因為這個簡單的想法，毅然決然地接起了這間老字號招牌，延續老顧客的回憶，也期盼將這份傳統好味道讓更多人知道。疫情期間需要給年輕人鼓勵，不要讓一個小小的生命無以為繼，他是一位不只是謀求生存度小月的攤商，我是看見他真正有理想做出代表地方創生的工作使命感，讓這位年輕有熱忱的創業新銳柯瑞德先生得以繼續分享飄香六十年的古早味「木可蘿蔔糕」，越簡單越有味道的幸福好味道！

念念不忘的慢生活

寶桑路還有另一個已成絕響的老街文青最鍾情的楊桃冰店，這是台東在地生活家劉襄群老師的口袋私房名單。已有六十多年歷史的楊桃冰小攤是由一對老夫婦經營，沒有招牌，卻是無招勝有招，只有門口種著幾棵楊桃樹就是他們著名的標誌，多少年來，那傳統的老味道始終沒有改變。然而，離別乃是人生常態，誰也不曾例外，老闆娘這兩年因病過世，楊桃冰也因此停業，不曉得日後還有沒有機會和劉襄群老師再次造訪，飲一口記憶中的甘甜？

這一趟超溫馨的台東慢生活的家滋味，這是住在天龍國的台北人永遠沒有辦法體會：為什麼台東是國際旅人最喜歡的「人間天堂」。台東的慢生活是一種讓人念念不忘的過去式，求之不得的現在式，每每讓到此拜訪的旅客總是意猶未盡，欲罷不能，重新燃起對生活的希望。那是一種歲月靜好、質樸恬靜的生活方式，根植於生活的傳統元素，融入骨血而不自知。

曾經在一部劇裡看到這樣一段話：「傳統手藝最重要的是『守』藝，守住最初的那份初心，守護對於傳統的堅持，守候一個能夠理解這種情懷的知音。」真心覺得編劇的這段詞寫得真好啊！看完之後，後勁很強。各行各業，乃至於各種傳統藝術或古老工藝，無一不是在漸漸流失當中，需要我們以更多的用心和堅持去守護。正如魯迅先生所說：「能做事的做事，能發聲的發聲，有一分熱，發一分光，就令螢火一般，也可以在黑暗裡發一點光，不必等候炬火。」

發覺生命中的美好

捌伍添第、東區天后宮

您喝過台灣精緻農業研製生產，超級好喝的葡萄冰酒嗎？國寶級旅美當代藝術大師蔡爾平老師表示，喝酒只要能喝到家鄉釀的酒都是香甜的，這可能跟他從小聞這把泥土的味道有關吧！跟法國人浪漫主義的生活態度一樣，只在意跟什麼朋友一起喝酒的 fu，而不是在意酒的出處及年份，因為那都是商業的模式套路，人生本就應該多體會不一樣的滋味，才不至於老是一成不變。

蔡老師一生熱愛推廣植物園藝，他說：「生命沒有卑微，只有莊嚴與華麗，生態與生命教育是不可或缺的一環。」以小窺大，感念早期當醫生的父親的善於說故事的引領，讓他認識屋瓦上的星星與地上的沙礫，從微觀的世界中改變了他對認識植物的興趣，以及跨不同領域的創意設計做成個人品牌的設計風格。

此次聚會特別感謝台灣婦產科不孕症權威張明揚醫師伉儷的盛情款待，能夠有機會認識建築業翹楚蕭家福設計師伉儷與多位才情兼具的藝術家，大家一期一會一起享用捌伍添第的米其林美食，美酒佳餚還有專業的服務品質與包間環境。

人間悲歡，盡在一縷茶煙中

「捌伍添第」用爵士湯讓大家一起發覺生命的美好，以響螺頭與哈蜜瓜煲成的爵士湯，響螺鮮美，蜜瓜在熬湯過程中慢慢融化，令每口湯滲著瓜肉清甜，清潤芳芬，十分可口。重點精華在於加了花膠令湯身凝結柔滑，藥材是沙參、玉竹，色較淺，味清淡，湯的藥材味也淡，不搶去雞湯的鮮味，清潤甜美，十分可口。許多喝過爵士湯，大為讚賞，口碑一傳十，十傳百，因而成為城中名湯。相傳前TVB總裁邵逸夫爵士重視養生，高壽一〇四歲有餘，生前也好此湯。

後疫情時代來臨，為自己煲湯是有必要的，這兩年我們周遭的人因為染疫或其他原因離開，人間悲歡離合、月圓月缺，盡在一縷茶煙中……慶幸自己被上天眷顧留下來，就更該珍惜活下來重生的機會。

飲食就像吃藥一樣，對身體好的飲食要繼續吃，如果心裡面感覺滿足的話，身體各方面自然就會健康。香港人習慣每週在家裡煲的湯都是為自己而煲，因為順應自然，天氣會告訴我該吃什麼。先為自己好好煲湯，自己懂得療癒自己，就一定會有滿滿的能量去療癒他人。

後來我剛好有機會在上海任職，上海人海派，特別重視儀式感，中秋節要吃鮮肉月餅，吃過了鮮肉月餅就可以準備迎接大閘蟹宴了。感謝台北一〇一「捌伍添第」餐飲在微解封的第一天特別準備了好吃的蟹宴，遠從香港來的前東方文華酒店輔助摘星有功，站店指揮的行政總廚謝文先生，特別選用台灣當令的花蟹，其特性鮮甜細緻，唯材適用發揮創意，把東北角正在「大出」的花甲將軍演繹得完美極致，跳脫傳統熱炒庶民文化，十分接地氣也賦予創意，粵菜結合中西文化的特色打造新中華料理，讓年輕人對中餐的味道留下美好的回憶。

經改良過的「焗香鮮蟹蓋」把蟹肉洋蔥重新調整比例，再把蟹蓋甲殼的氣味經過高溫重新喚醒新鮮螃蟹的靈魂，搭配義大利二十年紅酒陳醋，用分子料理手法，老菜新樣恰到好處，精緻卻不矯情，尤其是蟹肉的處理絲絲入扣，先纖維化再融合蔬菜白醬，焗至恰到好處，完成外酥裡嫩完全沒有出水，功力不輸給上海王寶和酒店的蟹宴實力。

媽媽的味道

其中有一道看起來很家常的「捌伍炒飯」，改自於香港人的「媽媽的味道」——鹹魚雞粒炒飯。謝主廚去掉三文鹹魚改用鹹蛋加入蟹肉海鮮，改刀分子量化掌握粵菜最重視的鑊氣，把泰國米飯炒到在鍋裡翻騰跳躍再裝盤倒扣，鹹鮮適口，乾溼合度，好吃到碗底朝天一粒不剩，顛覆了逯耀東老師飲食文學裡「只剩蛋炒飯」的味蕾的高度，把不喜米飯的我一年份的飯量額度一次滿足，讓我想到十幾年前在新加坡吃到的蟹肉炒飯的那種幸福感，一下子就吃到好幾個城市的美味印記，不枉費我爬到八十五層樓享用這頓飯。

這讓我想起在新加坡工作的那些日子，我也入境隨俗，跟著當地人一起品嚐各式各樣的螃蟹，有潮州凍蟹、辣椒螃蟹、黑胡椒螃蟹，一字排開，一蟹千里，獅城一年要吃掉半條高速公路的螃蟹的消費實力，最令當地人念念不忘的是「姊妹的蟹肉炒飯」，這個品牌後來被日本人買下來，也成為留在新加坡的一百個理由之一，傳統小吃躍升為國際品牌行銷手法有夠厲害。

捌伍添第除了精緻港點出名，還有相當喜氣，紅燦燦的花椒野生石斑口水魚湯，的大紅袍花椒油麻辣精華，我把野生石斑口水魚湯的大紅袍花椒油的麻辣精華打包帶回家，拌麵省一餐飯的錢可以準備下次再吃好一點，打包是愛物惜福，不必不好意思。

蔡爾平老師說故事生動且有趣，具備文學底蘊與表達能力，真正的大師都是謙遜柔軟，上善若水，在台灣能像蔡爾平老師一樣，藉由口語傳達美好事物的大師級代表人物真的屈指可數了。在明亮舒適不被打擾的空間裡，所有人都欲罷不能，越聊越開，時間過得特別快，都過了三點半了，讓工作人員差一點點來不及準備下一場的精彩服務。

張明揚醫師是台北長庚主任醫師暨不孕症權威，門診幾乎都是額滿的狀態，可見得多少家庭的幸福需要這位元貴人出現。他私下的生活像印象派代表莫內大師一樣，愛家愛生活熱愛創作及繪畫，是一位作風紳士的好好先生，多才多藝且擅長油畫。

從小受到父親張鑽傳醫師深厚的家庭教育影響，醫者仁心，視病如親，從來沒有考慮開設醫院，把專業當做賺錢的事業，大部分時間投入在培育人才與喜歡的生活美學和畫作的領域，經常自己一個人在畫室裡沉澱，保持童心讓生命持續優雅。張醫師的寵妻更是無上限，特別為家中女王打造大隱於市的天后宮，而醫師娘鄭雲女士也非泛泛之輩，除了擔任建設股份公司及國際教育機構的董事長外，還榮任扶輪社社長及青商會主席。

張公館位在東區精華地段，能找到一處可以獨覽台北一〇一別有洞天又不受打擾的新天地實屬不易，打造綠生活這一草一木都是代表著主人的性格與修養，讓植物豐茂適得其所隨時澆灌呵護，讓生活道場改變磁場，讓家成為最佳的風水寶地，有福之人居住的地方就會成為福地。

張醫師交遊廣闊，連旅美國際藝術家蔡爾平都是多年至交，令人驚豔的空中花園大面積牆面，結合十年前邀請蔡爾平老師的第一件創作作品，突破以往在空中花園制式的想像，充滿美化與童趣的意境。

好吃不過家常菜

感恩一個下午茶的時間和一頓豐盛的晚餐，我品嚐到女主人鄭雲姐姐家裡的台式傳統創意手作，午茶點心以水果拼盤及花豆雙糕潤佐台北大稻埕第一品牌「迪茶」的奶蓋蜜香紅茶。

注重健康養生的鄭董事長鼓勵從事藝術創作的兒子自創品牌，不同於一般的手搖飲料奶蓋原料，用的是非機改豆漿打出來的植物奶泡，把台灣好茶的層次完美體現。黃豆養生，可以補充人體需要的黃體素和天然雌激素，奶泡細膩口感豐富，也是帶領台灣手搖飲料轉型，邁向食藝復興的最佳選擇，有機會到迪化街不要錯過「迪茶」這一處文青打卡、網紅最喜歡的潮牌飲料店。

好吃不過家常菜，看似簡單卻不簡單，感謝管家秀蘭姐的用心，讓阿鴻吃到比水梨還爽脆的蝦籽涼拌鮮筍，還有加入冬菇的肉絲炒幹絲鮮美無比，相當考驗刀工。胡椒大頭蝦、牛肉青椒，還有我最喜歡的一道加入玉米及福州魚丸，媲美萬華祖師廟口原味排骨蘿蔔湯，濃濃的熱湯一口接著一口，厚重不混濁而色香味俱全，春日的蘿蔔賽人蔘，讓我喝到全身發汗，美味生津且養生，每一道看似家常，用料選材卻不尋常才能強調食材的原味，體現出張醫師家務實接地氣的本真。

藕家
塩埕埔
有歷史有故事有回憶
藕家
02
2
鹽埕埔站
Yanchengpu Station

漫遊生活的一日三餐

早餐的豐盛到深夜的精采

藕家、港都茶樓

「今生一照面，前世多少香火緣」，能來此處散步就是一種因緣，人生中的緣份如果沒有透過一些方式保留下來，便如同浮光掠影，鏡花水月。承載昔日港邊繁華印記的鹽埕區，巷仔內ㄟ美食繁多，加上串聯起棧貳庫、哈瑪星鐵道文化園區的駁二藝術特區進駐，是到高雄進行一場說走就走的小旅行時，最值得放慢腳步，細心品味的區域。今天，《阿鴻上菜》要特別推薦高雄鹽埕商圈，讓您二十四小時美味不間斷的Happy Hour 定點深度體驗。

高雄鹽埕區美食散步

鹽埕街上有一家「永和小籠包」，也是值得推薦的夫妻老婆店。一對老夫妻每天勤勤懇懇，純手工製作的小籠包，雖然沒有花裡胡哨的廣告宣傳，但是小籠包現包現蒸，一咬下去就立即爆漿噴汁，鮮甜的肉汁香氣四溢，而且一籠才七十元，簡直完勝很多排隊名店。

還有壓死駱駝的最後一根稻草——滿滿餡料的大腸豬血湯，喝下去通體舒暢，全身上下的毛細孔瞬間清醒，真心羨慕高雄鹽埕區的朋友，天天都可以享受到比鼎泰豐更好吃的小籠包，懂得過小日子比懷大理想還更重要。

鹽埕埔站二號出口這區美食雲集，我最愛的奶茶就喝不完：樺達奶茶、雙妃奶茶都是三分鐘腳程就可以抵達。要吃鴨肉，最近的是鹽埕鴨肉意麵，大約要走五分鐘；冬粉王跟鴨肉珍遠一點，大約是十分鐘的路程。至於破萬人評價的郭家肉粽，散步十三分鐘便可抵達，就算大半夜懶得走遠，路口就有二十四小時的麥當勞深夜食堂，方便你想吃就吃，隨時填飽你的胃。

「藕家」是高雄鹽埕在地人的驕傲，位於鹽埕捷運站出口對面一個三角窗的開放空間，提供原木的空間非常質樸，充滿了孩堤時在老榕樹下奉茶的人情味，為老社區注入活力與創意。以純天然深耕老藕手作的珍珠是珍奶中的進階二點〇版養生保健食品，純天然、無添加的食藝老少咸宜，得到很多重視養生的消費者的關注與支持，跟我一樣用過的都說好，也是唯一不會讓我媽媽反對我喝的珍珠奶茶店，「無罪惡感」的優質飲品，期待它跟全家超商一樣早日來台北我家隔壁開店。

翰品酒店三樓「港都茶樓」超有靈魂的飲茶套餐，是許多老饕們心中的最愛。麻油雙寶螃蟹鍋內有紅蟳、雞肉、豬肚，加上薑片、麻油、米酒、枸杞，濃郁醇厚的冷壓黑麻油，口感溫和一喝即暖，食療同源，藥補不如食補，很適合天冷及女性朋友。

「蝦仁黯然消魂炒飯」是主廚特製蜜汁叉燒，加上草蝦仁的蛋炒飯，鍋氣十足，粒粒分明飽滿，十足考驗主廚翻炒的功力。「干蒸珍珠丸」幾乎是我吃過料最實在也最美味的，在同業間堪稱佼佼者。尖糯米彈牙富有口感，蒸完不會粉粉爛爛，內餡豐富，各種食材層層的咬勁和鮮甜，肉塊、蝦仁扎扎實實，完全攻佔我的味覺。

對葡式蛋塔情有獨鍾的朋友，記得別忘了外帶一盒「葡式蛋塔禮盒」，難得有港點大師手作的飲茶點心，而且這家的葡式蛋塔真是驚為天人的好吃，就連外帶回家當伴手禮，在冰箱冰了一晚都不必再複熱，冰冰涼涼的口感也很好吃。

鹽埕區是高雄最有味道的人文社區，也是小而美及最適宜居住的行政區。早期的商場於日治時期與日本新宿同步規劃，入夜一個人有如走在昭和時代的街上，巧遇一個深夜食堂「大胖乾麵」。彈牙的鴨蛋意麵拌著油蔥噴香，醬色的醬汁讓麵條入了味，

藕家
塩埕埔
藕家
鹽埕埔站

豬油的香氣不時竄出，鹹香的滋味和麵條軟硬度適中，里肌肉片躺在豆芽韭菜上畫龍點睛。黑白切、魚卵、軟絲到豬心、粉腸，每片切得都滿有厚度，吃起來很飽口。重點是豬心處理得很乾淨，完全沒有任何腥味，彈牙又好吃。魚丸餛飩湯湯清味美，雖沒有油脂卻不會寡淡乏味，跟製湯顛峰之作四川料理的「開水白菜」的工序一樣不容易，索性喝了三碗，讓四位內外場的小姐姐理解我是帶著認真的態度，來感受走過半世紀的人氣小店的美好滋味。

我不知道是什麼魔力，在飽到天靈蓋的情況下還要再接再厲，聽說吃了鹽埕區的「汕頭香Q麵」會增加三成的功力，所以我一口氣喝了兩大碗公的骨仔肉湯。跟其他家小吃店最大的不同，就是使用豬的臀骨和腿骨關節筋膜，充滿膠質的大骨不加鍋蓋直接與空氣接觸，在爐上不斷沸騰，熬一整個晚上成為濃醇的白色高湯，一天大概只能做出十碗的骨仔肉精華。

南台灣熱情的人情味，從早餐的豐盛一路吃到深夜的精采，進步的城市對念舊的人來說，鹽埕區方便集中的生活機能，能夠高效定點的做為聯繫對接的功能平台，四通八達十分便利。

剛剛好就好的生活哲學

村卻國際溫泉酒店、羅東紅豆湯圓

我常說，這世上一切都是最好的安排。一連串的機緣巧合和偶然，讓我們吃到CP值最高，用台灣在地食材做出殿堂級的鐵板燒料理。是日我們一行人與王應傑董事長到宜蘭參觀他的養生秘境，後來我和胡寶莉小姐、徐玲姝律師仍然意猶未盡，特別驅車前往羅東最高地標，同時也是最高級的「村卻國際溫泉酒店」續攤。

來到這溫泉酒店朝聖無敵百萬夜景，在宜蘭首創 the roof 190 星空酒吧欣賞蘭陽平原白天夜晚不同的美麗，居高臨下看著羅東夜市彷彿巴黎凱旋門一樣，四通八達的街道呈放射狀向外擴散，霓虹燈火閃爍，繁華似錦，在夜幕中顯得璀璨無比。有意思的是，穿過火車站好像兩個結界一樣，平交道的一邊是接地氣的在地人文生活圈，另一邊是商業中心，兩個世界，自成天地。

春天的露台夾帶一絲冷空氣，正準備離開時，順便問候一下建築業跨界酒店經營，矢志打造國際級飯店，讓宜蘭羅東躍上國際觀光舞台的村卻國際溫泉酒店蔡建庭董事長。沒想到與老朋友打招呼未果，卻不期而遇碰見了剛剛到任不久的徐任科師傅，他在第一時間就聽出胡寶莉小姐那迷人甜美的聲音，所以我們就打消了前往羅東夜市的念頭，讓這兩位契闊相逢的老戰友再次敘舊。

在異鄉久別重逢的緣份

一位是餐飲界女王，著名的紅花副董事長，另一位是當年在台北一〇一紅花鐵板燒的行政主廚，當時最早能入駐一〇一大樓的餐飲品牌都是實力堅強的超級戰將，在沒有米其林指南的時代打造出高端訂製的美食殿堂，曾為一〇一創造最好的營運成績，是不可或缺黃金組合，藉由緣份在異鄉久別重逢格外激動。

一切都是命運的安排，有沒有這樣一個人，無論多麼想念，卻不曾再見面？兩個老朋友一見面就攀談起來，除了寒暄接著關心彼此，一時「當面鑼，對面鼓」，我在現場也被這樣的氛圍感染。在社交場合上的點頭之交，一面之緣未能留下什麼，唯有人和人的情感再次見面才是交流。有些人，你以為可以見面的，有些事，你以為可以一直繼續的，然後，也許就在你轉身的那個剎那，有些人，你就再也見不到了。當太陽落下又再升起的時候，一切都變了，一不小心就再也回不去了。

一頓飯的時間像看了一場電影，好多蒙太奇的畫面在眼前掠過，我相信與胡副董的相遇未來還會有很多的可能性，期待英雄惜英雄這個火花得以延續，比處女座還心細的徐主廚很客氣的用一句「到宜蘭養老」，享受慢生活為自己現階段的工作與生活模式莞爾。

天降神兵嘉惠在地鄉親，只要台北三分之一的價格，主打在地食材地中海料理，埔里的百香果佐生食級干貝，比松露更好的蘑菇湯、乾煎龜山島馬頭魚、雲林的白蘆筍、有機櫛瓜，還有師傅最拿手的鴨賞黃金炒飯，一場盛宴下來滿足感官完全沒有藏私縮水，這麼超值的享受趕快找設籍宜蘭的親友多多同行消費。

因為不是每一次都能在對的地方遇見對的人，完全是吃一次少一次的概念，只有交通方便的宜蘭國旅才能體現出有品味不需高消費，也要謝謝徐主廚一直不忘初心，始終如一保持這麼專業與認真的態度，讓我們看見了台灣服務產業的軟實力，是黃金到什麼地方都會發光，真的應了一個觀點「除了米其林台灣真的是美食如林」。

連續假期冷氣團報到，難得到羅東一趟，我帶著母親穿過鐵路的隔柵，慢慢地往羅東夜市的方向前進，邊走邊問，重點在多瞭解這裡的人文。突然看到黑燈瞎火聚著一群人，這家在中山路上的湯圓店位於羅東鎮上一處不起眼的角落，遺世獨立已經超過一甲子歲月。店裡面只有一碗四十元的紅豆湯圓，沒有其他的品項，但這一家人居然憑藉著把單一品項的產品做到最好，就可以讓夜晚的地方角落形成一個溫暖的聚落大排長龍。

越簡單越發有味道

喝紅豆湯圓的人不會變壞，老闆已經傳承到第四代，年輕的兩兄弟合作無間，十分有默契。一直以來都是堅持用屏東縣萬丹紅豆，不停地熬出豆沙的稠度以及不加澱粉的「誠食」表現，加上使用半年以上的陳米，增加糯米的韌性做出來的湯圓，比日本人吃的年糕還Q彈有嚼勁，就像日劇《歌舞妓的料理》一樣，令人療癒的烤年糕和紅豆湯一樣質純精良，從湯匙送到嘴中，每一口都像吃到像今川焼き（車輪餅）一樣，滿口噴香真材實料的滿足，難怪會頒贈「全國最好吃的紅豆湯圓」匾額以茲肯定。

這家六十年歷史的老湯圓店只賣單一的湯圓跟紅豆湯，沒有雜七雜八不擅長的東西，只為了應付生意而失去了焦點，才能經得起時間淬鍊，屹立不搖。有所為有所不為，我挺欣賞這一家人無為的個性，也正是如此，才能夠俘虜一群心甘情願在冷空氣底下耐心等候，只為了來一碗舒心暖胃的紅豆湯圓的客人，而且都是來了一次就成了忠誠度十足的鐵粉。

不管你是不是美食部落客或是網紅，這家老店您一定要來過一次才能重新定位美食的標準與原味覺醒。幸福原來很容易，越簡單反而越發有味道，最讓人感動的是除了食物好吃之外，我吃到的是四代傳承的精神與使命感，最難的是堅持、不混水摸魚，以及小兄弟同心協力、安安靜靜，沒有叨念與負面情緒，一起完成配合默契的毅力。

離塵不離城，放空的好地方

花蓮池上便當、周家小籠包

在花蓮坐火車回家之前，阿鴻建議您有幾個地方一定要去朝聖！

電商時代大家去花蓮玩不一定要提著大包小包的信物，因為這些可能都是同一個工廠出品的伴手禮，網上到處都可以買到，所有花蓮人都公認比台東池上便當更好吃的「花蓮池上便當」，強力推薦您一定要親自嚐過才知道，原來這就是火車族通車的基本標配。

林大姐在花蓮市區深耕基層超過二十年，推動良善教育的迴響力量真的很大，現場直擊有一位老先生把自己種的冬瓜拿來換便當，疫情期間無懼物價壓力，推出計程車司機的五十元便當，小小的一家便當店願意陪大家一起走過疫情，共體時艱，讓人真心覺得在花蓮有這麼多溫暖的小人物和真實的故事，真的會讓人感到無比幸福，印

招牌飯80
燒肉飯90
排骨飯90
燒肉飯90
雞腿飯90
綜合便當100
上池在吃

證了「聰明是一種天賦，而善良是一種選擇」這句話。

我問林大姐便當好吃的秘訣究竟是什麼，她連忙解釋自己在處理主菜的過程全憑感覺，少食多滋味，食物最重要的是好生對待，不要貪多搶快，這樣才能讓每一口肉都保有鮮嫩多汁的口感。如果只為了應付用餐時間的供餐，提前把食物放置過久，把往生的食物放入口中，相信令誰都會覺得悲哀。

「欲戴皇冠，必承其重」，只想做有意義的事，不活在別人的眼光中。不管別人怎麼看待正宗與否，林大姐堅持信念與定見，把自己的工作做好，當成一種使命來完成，堅持手作的溫度成為在地人的鄉愁滋味，難怪這家便當店能夠廣受歡迎，佳評不斷。其實每個城市都可以找到屬於自己的「福隆便當」或「池上便當」，像我曾經吃過關山便當，他們連蘿蔔乾都是自己親手醃製的，這樣的態度更讓人覺得由衷敬佩。

走遍世界各地，嚐盡人生百味，終於體會生活裡的平凡才是人生存在的真諦。看過很多拜高踩低的人，因此這種默默付出，願意認真做事的職人，才更應該要讓大家認識和瞭解，相較於那些只著重表相、追求快速、流於形式的經營方式，這種認認真真、腳踏實地過日子，只想把一件事做到好的職人更顯難能可貴。

傳統美食之旅

找回傳統的生活行進中動感十足，令人感動的儀式，並且從中看到愛無所不在。花蓮在地人只吃「周家小籠包」，地方離火車站不遠，可以選擇現吃或外帶，抱著朝聖一下的心情來看看這家人氣包子店。一顆只賣六塊錢的小籠包，這種佛心的價格真的很吸睛，口感跟台北的老崔蒸包還有新北的紅林鮮肉包子一樣好吃，加了老麵發酵的天然口感，沒有發的很誇張，入口越嚼越甜但不會黏牙，沾上一點新鮮雞心辣椒醬，整個人會很嗨。

特別的是現場川流不息的工作人員分成幾條流水線，各司其職分工明確，極有效率，其中現場包包子的一組人，他們包的都是準備好降溫後可直接提供急速冷凍外賣的，在現場吃的比較可以吃到剛出蒸籠的第一口新鮮，這跟我在上海南翔小籠包的發源地看到的情形很像，由於供不應求，必須事先備貨，所以難免吃到不是現做的。

包子要好吃的關鍵是不要一蒸再蒸，受潮後再複熱當然不可能會好吃，至於有沒有打十八摺或知名度，不過都是一種行銷的話術罷了！其實知名品牌的小籠包子為了穩定性都是使用冷凍麵糰來現場ＳＯＰ表演，讓消費者有一種現包現做的錯覺而已。

建議大家到花蓮可以吃周家小籠包，還可以到對面買花東限定版的叮哥珍珠奶茶，只要手上有一杯珍奶，我就彷彿擁有了全世界。

還有一家距離花蓮市區有一點距離，不久前才發生祝融事件，但是很快又再重新開幕的花蓮新城的佳興冰果店，當時我還覺得十分惋惜，因為這家冰店的檸檬汁是大家公認最好喝的天然飲料，方圓五公里完全找不到手搖飲料的競爭對手，幸好他們很快再次站起來，否則應該會有不少死忠粉絲感到失落。

附近還有不少業者將沙灘車、飛行傘等活動和天空之鏡、海上樓梯的景點包裝成輕旅遊行程，還有專人協助拍攝出有如海市蜃樓、天人合一的各類網美照，如果時間允許，在吃飽喝足了倒是可以前往海邊嘗試體驗一下，也許能找回年輕熱血的感覺。

客家庄的慢遊與樂活

楊梅公有第一市場、好窩有花咖啡廳

這陣子看了幾本書，試著汲取不同的體悟，生活能觸及範圍有限，書裡帶來的世界卻是無限，無形中也替自己的生命增加了更多不同層次的想法。跟冰箱裡的食物一樣都有賞味期限，時間差不多了就可以一次完成斷捨離，把頭腦暫時清空，給自己多一點空間，才能給心裡保留足夠養份，好好休息。

趁著工作之便再次造訪楊梅，也順便出來透透氣，楊梅對台北人來說可是一處不可多得，慢活樂活的空間，週末假期也不會發生雪隧堵車、人擠人的窘況，這個地方有非常多的休閒觀光農場等好玩的地方，非常適合全家人來小鎮漫遊。早期這個小鎮擁有很多進出口加工廠，小到羽絨外套，大到北歐傢具沙發，都可以直接到工廠去淘寶，而且價格跟市售價差一大半，對於對抗通膨的一般小家庭來說還是很有感的。

客家美食界的五分埔

通常我會建議大家來楊梅一定要先來「補貨中心」，也就是號稱客家美食界的五分埔「楊梅公有第一市場」。這裡消費力驚人，也是職業攤商眼中的超級戰區，日租金並不便宜，這是沿著一條復華街所延展出來的個性攤位，各式各樣的食材應有盡有，有機會來到這邊，除了買、買、買，還是買、買、買，把車子裝滿回家才不會浪費油錢。

到楊梅的輕旅行最好輕車簡從，當然要先吃東西填飽肚子才有力氣血拼，安排早餐在市場裡享受高級訂製，第一攤來到無名飯糰，很特別的古早味蛋餅與飯糰的組合，體驗一下客家人的鹹菜和菜脯、糯米飯混在一起酸甜滋味、易燃易爆的關係。逛菜市場邊走邊吃是最瀟灑的事，炸雞攤上出現刺鯧肉魚四尾只要一百元，四分之一的白切鹹水鵝搭配滿滿的薑絲跟九層塔只需一百五十元，比去平鎮吃人氣鵝肉美食還划算。

楊梅市場與眾不同之處是這裡有很多客家人，所以菜市場裡有非常多的道地客家美食。沿路走過來看到有很多客家「粢粑仔」和粉粿，這裡的米食加工品多半都是老闆起早摸黑，半夜天未亮就起床開始做粄條，特別彈牙可口，是一般超商絕對吃不到的口感，而且沒有「粢粑仔」的地方稱不上正宗的客家庄，用手擠成糰，裹上厚厚的花生粉是宴客時的基本款，我也建議不要再買手搖飲料，因為菜市場裡有賣質純精良的仙草茶，無糖無添加最佳的清補涼，三瓶寶特瓶裝才一百元。

再加上小農自己種的半買半送的時令蔬果，來到楊梅只需帶一張五個小孩就可以包辦一桌子澎派的晚餐，有夠划算，假日只要四十分鐘的車程就可以另闢蹊徑，離開浮躁的台北，楊梅真的是一處適合過日子的好地方。既然介紹了楊梅市場，也不能錯過當地人的信仰中心，也是楊梅歷史最久的一間廟宇——錫福宮，供奉客家庄的保護神「三官大帝」，這裡的老樹都有百年以上歷史，古木參天，靈性聚足。自古以來有廟自然就有人潮，在這周邊稱作伯公公園，有人在此下棋或小憩，輕風徐徐，心靜自然涼，在這種天人合一的空間來杯咖啡，比星巴克更高級。

楊梅人還有一處最有味道的網紅景點「小白宮故事館」，這一處多麼美好的地方成為楊梅人心目中自信優雅、永恆不變的價值。這個老房子很有特色，早期是楊梅國中校長的故居，感謝當年十月圍城力排眾議，為了保護這幢建築物而努力的人，讓老屋沒有因為都更被拆，得以完整保留至今，成為老屋活化的重要指標。

「好窩有花」是一處為花癡迷者而設置的咖啡廳，所在位置鬧中取靜，彷彿穿越時空返樸歸真，《阿鴻上菜》強力推薦值得專程來楊梅一趟，感受一下森林系的主題空間，跟一般網紅店不同，十分幽靜具人文品味。店主藉由一杯有機玫瑰花釀拿鐵活絡地方創生，讓充滿花仙子的老房子可以持續溫馨療癒人間。

每一個品種的玫瑰都有它迷人之處，但是要融入飲食中，條件限制就多了，例如品種、種植的方式、摘取的時機等。好窩廚房研製出獨特的玫瑰釀，製作出來以四季食用花卉的手工點心，讓玫瑰的天然香氣能夠透過嗅覺與味蕾，成為感動人心的一杯飲品或是一道甜點。

給我一處寧靜，學習如何自求簡樸和簡單的幸福生活方式，多一句關心，少一點遺憾，生命要用愛灌溉才能變得堅韌。感謝「好窩有花」店長的細心解說食材來源並且融入在地的生命力，以花藝美化空間、分享花藝帶來的幸福感，藉由這遺世孤立的老洋房挹注生活美學。食物要細細品味，生活要用心感受，將花帶給我的幸福，能夠轉化為不同的形式，讓更多人感受到活著的美好與幸福！

我在台北的深夜食堂

四味海鮮羹、饒河夜市

今天心血來潮跟著艾姐從東區搭捷運到後山埤，經過久違的五分埔，走到松山媽祖廟拜拜，接著再到饒河街夜市祭拜五臟廟。清明連假的第一個夜晚，涼涼的氣候很舒服，拜訪一下老朋友是最適合時宜的。

來到歷經疫情浩劫後的饒河夜市，發現很多攤位都不見了，不勝唏噓。這幾年，有許多大家非常熟悉的飯店、餐廳、街坊小館，甚至是夜市小吃攤，紛紛吹起熄燈號，引發不少美食部落客和時常去用餐的朋友們的惋惜之情，紛紛像支持《民歌40》演唱會一樣，重溫熟悉的味道順便告別青春。所以，有喜歡對味的店就趕快去捧場支持吧！或許你還在思考何時再去的當下，就有許多味道因為不可抗拒的因素而消失不見。

從另一個角度看，能存活下來的都是上帝最好的安排，但願經過這樣的洗牌後，那些只為應付觀光客搶快錢的攤鋪褪去，會給台北觀光夜市多點啟示，盼能像寧夏夜市一樣，擁有更多吸粉能力強、讓老客人越來越多的店家出現。

用廚房取代藥房

「四味海鮮羹」是我在台北的深夜食堂，從小在台西吃海鮮長大的淑玲姐，在四味海鮮羹奉獻超過三十年，凍齡的肌膚和身材就是最佳的海鮮代言人。她特別把林媽媽從台西海邊寄來的愛心補給，用充滿膠質與高鈣的深海魚骨熬合而成濃縮鮮魚湯，再與豆腐一起煮，起鍋前淋上蛋液，五秒後熄火等待後熟，保持像海帶芽一樣的柔嫩飄逸，只要加點白胡椒粉，灑上三星蔥花，廚藝境界中的「完美煮義」完勝市售滴雞精。這碗比老母雞滴雞精的風味還珍貴的鮮魚豆腐蛋花湯，來不及說再見一口氣喝光，瞬間眼睛為之一亮，「四味海鮮西施」廚藝了得，包君滿意。

阿鴻很欣賞「四味海鮮羹」的劉董，努力工作也懂得生活，平日從事餐飲工作沒有太多時間享受，唯一嗜好是重視養生，用好食材及好的烹飪技巧，日常三餐照顧家人的身體，惟有自己敢吃才可以給客人吃，道理簡單要真正做到卻是不易。

如同過去曾經提醒大家「用廚房取代藥房」的觀念來治胃病的觀點，劉董對食養生活的實踐比我還徹底。除了選擇最新鮮的海鮮做四味海鮮羹湯，還有一黑一白、麻辣鮮香的鴨血臭豆腐，使用天然發酵的客家酸菜加上澎湖的丁香魚，替麻辣鍋底畫龍點睛，對於嗜辣或重口味者來說無需點肉，豆腐夠嫩就很享受，少負擔還更健康。

今天的副餐是有機牛番茄炒雞蛋和山芹菜炒豆皮，還有能夠改善四肢無力的蜜漬蒲燒鰻，看似簡單卻不尋常，精挑食材去蕪存菁，跟他們家的燙青菜一樣又嫩又細。店家的態度決定品味的高度，魔鬼藏在細節裡，用心絕對看得見。寶島台灣食養文化就是把天然的礦物質跟維生素，用最青、最新鮮的食材，經過採紅擷綠以供養身體，所謂「大道至簡，大味若淡」，越簡單才能越有味道。

劉董喜歡大自然美味，經常採紅擷綠嘗試特殊食材，享受到他的私房菜是清炒芭蕉花、娃娃菜燒紅糟鰻，還有基隆仁愛市場買回來的牛蒡甜不辣、大蝦白菜滷，菜單古法新釀，特殊的口感很耐人尋味。我很喜歡這種舊調重彈的感覺，在這個「煉珍房」交流經驗中發現台灣生命力，還可以蒐集到寶島台灣的四季風味。

人潮不再，依舊從容自在

饒河夜市裡還有最好吃的胡椒餅和超大雞排，但吃完四味海鮮羹之後，肚子的空間有限，也只能二選一。「小師父大雞排」有多種口味，豐富肉汁鎖在麵皮裡，記得千萬不要切，可是看老闆娘熟練的用機器代替人工智慧的切割還挺療癒的。比臉還大的雞排吃完了多少會有點後悔，還得想方設法把這些熱量消耗掉，在台灣美食如林，要禁止貪吃的慾望實在是很大的考驗。

撫遠街同樣也是讓人印象深刻的老社區，隱藏著很多不為人知的寶藏，超過四十多年的南北乾貨攤位，店中坐著一位頭髮花白、怡然自得的老奶奶，跟肯德基爺爺一樣是難得可貴的鎮店之寶。一排排整齊的古早味糖果餅乾提醒我們年關將近，要跟老朋友多多互動、聯絡感情。

相望於一條馬路看見了兩個不同面貌的世界，延續生命力的老社區文化繼續各安其位，做自己本份的事，跟疫情後少了觀光客，空出了很多店面，人潮榮景回不去的饒河夜市一樣從容自在。

唯有愛與美食不可辜負

大花農場

由於從事外景節目的緣故，我去過很多城市，很多美景透過鏡頭視角看起來很有fu，但實際上大同小異，並不需要大老遠飛到國外去朝聖，其實青鳥就在身邊。在台灣也有像莫內花園一樣的生活美學空間，北部有蔣夫人生前規劃的士林官邸，即使現在到了假日人潮仍是絡繹不絕，南部同樣也有一處新秘境要特別推薦給大家。

大花農場，一座專為生產食用玫瑰花而創立的農場，每日清晨天色微亮時，玫瑰綻放香氣前採花後製，新鮮採集立即運送至有機加工廠分類、清洗、蒸餾、乾燥，生產不輸給進口保加利亞玫瑰精露的品質，可以外敷內服的玫瑰精露用傳統蒸餾方式，結合純露與精油成分，可以安定敏感肌膚，也可以代替紅樓夢裡的玫瑰花飲，幫助穩定情緒、改善睡眠品質。

農場位於屏東縣九如鄉的大花農場占地四點五公頃，是全台最大的玫瑰有機農場，也是農場主人楊添得與家人一起經營的幸福花園。楊添得老師文武雙全，曾獲得全國花藝設計比賽冠軍，楊老師很早就知道要返樸歸真，放棄城市裡的掌聲，回歸淡而有味的生活。所謂天地有大美，才能真正實現夢想與格局，楊老師讓美學文化從生活實踐中延伸到神農教育是謂大智慧、大願力，十分不容易。

經過多年的努力，營造出友善土壤的生態環境，從種植有機玫瑰到發展成玫瑰為主的複合產業，成立了自己的有機加工廠，研發出許多玫瑰相關產品。每年十一月到隔年四月的花期，開放讓大家一起感受浪漫幸福感爆棚的賞花、吃花、採花小旅行。品嚐以有機玫瑰花入菜的精緻料理，到玫瑰園摘採玫瑰帶回家，還有玫瑰產品的手作體驗，感受滿滿的玫瑰芬芳洗禮。

這次花藝大師楊添得在疫情期間更蓋了一個可以提供教學，休閒娛樂及用餐的主題館，創造一個迷幻的空間，楊老師非常滿意重新開園的成果，完成的當下站在路旁觀察著行人不停的用手機拍照。我也很喜歡這次的作品，植物的樣貌隨著時間推移，隔著霧玻璃透進來的影子，感受植物帶給空間的迷濛感，不知不覺中使人變得格外靈動。

最美的尋夢園

跟著閨蜜來一趟玫瑰小旅行一起吃花去，讓臟腑也可以享受一次 Spa 身心靈之旅。我喜歡在工作間一邊談天一邊完成工作，大家十之八九都是問我跟食物相關的事情，因為在「食無定味，適口者珍」商業模式下的作品和在家裡做給在意的人的感覺是很不一樣的。在大花農場的餐廳裡吃到的玫瑰花創意料理，比到巴黎蒙馬特品嚐米其林的 fine dining 更加唯美浪漫。

農場裡所栽種的玫瑰品種大花一號和大花二號適合屏東熱帶氣候生長，是能直接食用的有機玫瑰花，一號帶有荔枝果香，多做為調香用，二號香氣濃郁內斂，味微苦澀。玫瑰花需要油脂吸收再一起釋放香氛的氣味，這裡的每一道菜和點心都是楊老師千金親手製作的，她把對兩個小孩及家人的愛都展現在一道道誠意十足的作品中。

我很喜歡她利用玫瑰花果醬做的薄餅披薩、玫瑰花壽司、玫瑰多酚奶、玫瑰雞腿排、玫瑰巧克力、玫瑰戚風蛋糕，這些餐點都是由大公主楊善華邊帶著自己的孩子在廚房裡忙得團團轉親手製作，讓孩子們在玫瑰花園裡有一個特別溫馨的童年回憶，從小培養食農教育，認識自己的土地，這裡就是最美的尋夢園，最原始的迪士尼。

玫瑰小火鍋的食材極為豐富，多是自家種植的有機蔬菜，連肉片都以玫瑰造型呈現；玫瑰口水雞還特別請香港廚師指導微辣的香麻醬汁，佐著玫瑰香氣真的令人口水直流，好吃到停不下來；客家風味的玫瑰鹹豬肉，搭配著爽口的蔬菜、洋蔥與玫瑰，清爽不油膩。大花農場也生產有機蔬菜及香蕉提供給來遊園的人，把友善種植的成果帶回家品嚐在地的新鮮。

還有手作玫瑰多酚蛋捲榮獲二〇二〇年屏東十大伴手禮冠軍，入口完全是濃郁的玫瑰花香和蛋奶香味，巧妙融合著酥脆口感。另外還有玫瑰多酚、玫瑰果醬也是網路上最夯的人氣商品，非常適合搭配麵包和牛奶，您可以在大樹鄉的佛光山佛陀紀念館看到很多信眾用來供養佛菩薩，回去再供養自己，此方物也成為屏東縣最具特色、最受年輕人喜愛的文創產品。

老火新食尚

越在地越國際

海南鄉無肉餐廳、億園炭火福建炒

感謝熊哥做東，馬來表妹汶好婕小姐姐帶路，邀我們一行人來拜訪吉隆坡的「深夜食堂」——文良港三十年美食老店「億園炭火福建炒」。來大馬必吃的「暗黑料理」之所以會吸引那麼多人前來朝聖，最主要的原因還是在老抽黑醬油和豬油產生梅納反應的時候，那種掌握得宜所產生的香氣，讓人無畏烈焰紅唇，即使吃到燙嘴也會大呼過癮。無論是炒福建麵、炒白粿、滷麵，還是廣府鴛鴦等經典好料，都生猛有力，鍋氣十足，真的是別處沒得比。

疫情陸續解封後大家都瘋了，週末夜晚都不睡覺了，馬路夜市非常適合喜歡夜生活的現代人了。馬路夜市在吉隆坡 Tawakal 醫院的後面，位置得天獨厚，人氣超旺。就算你吃到撐、吃到吐也不用擔心，因為醫院就在你後面。把豬油渣做成像炸花生的小吃真的很迷人，涮嘴好吃到停不下來。在吉隆坡的生活步調很休閒，好像天天都是萬聖節，在馬路上辦桌吃宵夜，非常隨性自在，而且到處都有美食嘉年華，又不會踩雷，真心推薦大家有空來馬來西亞玩。

有機會到吉隆坡，一定要嚐嚐陪伴在地人成長的滋味——棠記、富興、華陽。這三家是全大馬最受歡迎、最厲害（Tok Kong）的蛋撻名店。他們的蛋撻不但內餡焦化適當，蛋香滑嫩口感濃醇，撻皮酥脆可口，品質穩定，味道真的不輸給澳門的葡式蛋撻。這全都是因為老闆不貪心，堅持直營不開放連鎖加盟，擔心破壞品質，所以我特別帶了一盒回去孝敬媽媽。他們的生意很火爆，大排長龍排到馬路上，讓老闆很煩惱，還拜託《阿鴻上菜》不要太用力介紹，做人盡量保持D調才不會走Y調。

來到大馬一定要入境隨俗，體會一下在地美食與生活，越在地越國際，你會發現大馬真的到處都是寶。首先，我會推薦貓山王榴槤，保證是天然熟成野生品種，這可是我的最愛，初見之後便念念不忘。貓山王不像泰國的金枕頭，提前收成需要催熟以量取勝，雖然只有小小一粒果肉，但幾乎無籽，香味很「夠力」，入口即化，吃多會醉。無論是吃巧、還是吃飽，對身體都非常好，而且晚上帶回酒店享用時，隔壁房間不斷傳來叫救命的聲音，不懂為什麼這麼「夠力」！

另外，遊大馬一定不能忘記品嚐「海南鄉無肉餐廳」的娘惹糕和素食的鹹蛋炸魚皮，絕對可以帶回台灣當做伴手禮。他們利用天然香草汁液做成各式糕點，加上椰漿的味道讓空氣變得好濃、好「斑蘭」繽紛。這家店不單食物好吃，也讓人驚豔為什麼可以如此出神入化，料理達到「吃肉不見肉，不吃肉也可以很享受」的境界，才是一位真正了不起的廚師的功力表現。

「海南鄉無肉餐廳」的陳修良主廚特別喜歡研發出神入化的料理。為了慶祝我母親八十歲大壽，陳主廚還特別研製了一道外觀看起來很像鳳凰巢的料理——「招牌佛缽飄香」，真的讓我感激不已。這道料理的靈感來自於咖哩餃和蛋糕，香酥外皮包裹綿密芋泥、濃郁咖哩等豐富餡料，激起我們舌尖味蕾上滿滿的記憶，也不禁讓我想起小時候吃辦桌料理的芋泥。深受大馬人喜愛的客家料理「算盤子」，也是用淡中有味的芋頭，再融合創意製作而成的家鄉料理，鹹甜共冶，開胃好下飯，不僅可以吃巧，也可以吃飽。

「人間煙火氣，最撫凡人心」，我從小來自一個在新竹既傳統又保守的家庭，生活沒有什麼儀式感，是十足的老古板，節日最開心的事無非就是吃到自己喜歡的食物，好吃就會死忠的繼續支持下去。最近很多人告訴我，他們自從吃了這家餐廳後就

一帆風順

對素食改觀了，我認為最棒的廚藝不是擺盤和裝飾的表面功夫，而是生活法。佛法就是生活法，打開智慧法門自然就可以體會「不吃肉也可以很享受」的慈悲心，讓食用者能夠沒有分別心，才是最大的功德。

傳承經典的新世代料理

中國有句古語：「倉廩實而知禮節，衣食足而知榮辱」。飲食是最能夠體現某地域、民族乃至於國家的文化特色。「海南鄉」承載的不僅僅是美食，還有大家的回憶，以及東南亞華人的在地文化。海南鄉無肉餐廳創辦人符瑟栗女士說：「東方文化的藝術料理希望藉由餐盤來分享經典亞洲料理，以新世代料理精神傳承經典，賦予傳統新生命，用不同角度展現東方文化，體驗新一代料理人的飲食靈魂。」符瑟栗女士也確實做到了，也讓喜愛他們的死忠粉絲們體會到了大馬飲食文化的精髓。

我還要再向大家介紹一款號稱「神賜之果」的皇冠果茶特製健康飲料，是繼東哥阿裡之後，從國外馴化種植成功、最受歡迎的新品種養生茶，據說可以預防三高，早上多喝可以幫助排毒，把體內的髒東西都代謝掉，拿來搭配前面介紹過的吉隆坡知名品牌葡式蛋撻，去油解膩、無油無慮。最後還是要忍痛推薦，所有吉隆坡人心目中最有特色的建築——摩托羅拉大哥大樓。樓高一〇八層，遠遠看外形酷似早期的大型大哥大手機，即將成為取代 KLCC 雙峰塔的新地標。

　不過我必須要跟新加坡的朋友說抱歉，過去我一直以為最好吃的辣椒螃蟹在獅城芽籠，下次您如果有機會到距離吉隆坡半個小時車程的巴生，相信一定不會失望。過去這裡是肉骨茶的原鄉，從今以後這裡是吉隆坡的夜生活的必要打卡景點，因為螃蟹大王阿華哥的豪華海鮮夜宴是觀光客不懂的私秘景點，趕蟹的季節千萬別錯過最肥美膏黃鮮到掉眉的機會。用味道記錄周遭「昇美海鮮飯店」吃各式口味螃蟹，謝謝華哥二十多年堅持用心的態度，改寫東南亞海鮮第一美味。

　話雖如此，吉隆坡也有令人又愛又怕的地方，城市各主要道路交通堵塞情況也是讓大家無可奈何。Time square 算是所有品牌進駐的超級戰區，位在星巴客旁的 Damascus，主要販售巴基斯坦的沙威瑪，大排長龍人氣指數破表，這個城市越來越多元，喜歡吃肉肉跟選擇無肉的分眾市場也越來越劃分明顯，各有所擁戴的支持者，你準備好到大馬來探尋寶藏了嗎？

東風西美跨界合作

果木小薰、Pa Pa Rice

一陣秋雨一陣涼，酷熱的暑期結束準備迎接涼爽的秋季，農作物與天氣也息息相關，所謂「秋收冬藏」，入秋後開始有很多慶典祭祀儀式，因此早期農民也會在立秋前完成所有的農事，以免遭遇寒冷氣候影響收成。

《阿鴻上菜》曾經在加拿大溫哥華，向印地安原住民部落學習如何把洄游產卵的鮭魚用傳統的方式延長保存期限，同時也藉由保持一定的距離，避免過度炭化的技巧，完成美味天成的煙燻鮭魚，在魚群最豐碩肥美的季節享受大地的饗宴。如果不是極佳的生態條件下，很難想像「熊出沒了」真的發生，在同一個空間能與黑熊一起共食的經驗。

每個人心中都有一處想棲息靠岸的地方，都會生活也可以充滿野營樂趣，在家輕鬆上手，秒變森林系。有機會到石牌捷運站往榮總醫院方向走，一路上可以看到許多高掛臘肉的專賣店，美味的臘肉是台灣的時代記憶，也是一代人記憶中的鄉愁。

市面上許多的煙燻肉品為了讓色澤好看、長久保存，通常都會添加亞硝酸鹽來防腐，看起來紅燦燦，但亞硝酸鹽與含胺類食物一起吃，就會產生亞硝胺的致癌物質，所以醫生常建議不要吃太多香腸、臘肉。果木小薰商品在眾多角逐商品中被新北市政府評選為「新北特色商品」，他們花了無數次的檢測，證明為優質商品，用真材實料找回台灣的好。

一塊臘肉的故事

一塊煙燻臘肉背後也藏有感人的故事，「果木小薰」執行長章念瑜複製記憶中奶奶如何用「真材食料」，找回台灣往日的美好。在早期眷村生活物資條件並不充裕的年代，出身湖南世家的奶奶藝高人膽大，想將家鄉的好滋味長久保存，自己嘗試製作臘肉，也因此成為章念瑜孩提時期的美味記憶。

章奶奶使用龍眼木炭、稻殼、柑橘果皮製作獨門燻料，沒想到好滋味一鳴驚人，章家祖傳臘肉遠近馳名，已經飄香近百年，時至今日即使將臘肉量產，依然保有親手製作的堅持。

第四代接班人章令瑜相當重視食安問題，在學習五年的專業技術後，開始導入現代化工廠設備，完全靠低溫冷鏈的管理降低生菌數，改用米其林主廚擅長的冷燻法來製作，除了減少鹽量，還增加了糖、大紅袍花椒作為調料，不但降低鈉含量，沒有多餘的化學添加物，讓臘肉吃起來不死鹹，還帶有淡淡的果香，有別於市售臘肉的風味，滿足現代人對於天然和健康的要求。

臘肉不只是一種料理，還是能變出百百種料理的好食材，為各族群設計開發的品項更加豐富多元，包括：舒肥鴨胸、煙燻雞腿、煙燻臘肉條，還有方便快速料理的煙燻雞肉絲和臘肉片，提供回歸家庭的現代人多種不同的食材，讓每個人都能發揮廚藝天份與創意，使居家生活更精采。

《阿鴻上菜》特別推薦兩道家庭創意料理，趁這個時節把寶島特優的新鮮綠竹筍切滾刀塊加上臘肉條，記得一定要連皮帶肉才能含有足夠的膠質，經改刀一點五公分後與百頁結一同放到砂鍋內，倒入八分滿的水以中小火煮約四十分鐘。沒事不要趕，但凡所有的好味道都是用時間守出來的，待湯色變奶黃，起鍋前再放入青江菜和少許蒜苗，就可以媲美江浙館子用家鄉鹹肉製成的湯中之王「醃篤鮮」，簡單又方便，絕對有過之而無不及，不用上館子吃太多味素卻更勝一籌。

另外煙燻臘肉片可以直接貼在平底鍋上或切絲，以小火加熱更快出味，待逼出油再放入蒜末拌炒，只要放點胡椒跟白飯，外加打顆蛋拌勻，改用中火一起炒到粒粒分明，千萬不要再放醬油導致奪味，讓它呈現蛋白質的梅納反應，結合果香融合柴燒的味道超級香，保證家裡的孩子們半夜又吵著要吃了，真的不輸伊比利火腿蛋炒飯，希望西班牙人聽到不要罵我。

日本知名企業家稻盛和夫曾說：「你不會的東西，覺得難的東西，一定不要躲，先搞明白後精湛，你就比別人優秀了。因為大部分人都不捨得花力氣去鑽研，自動被淘汰，所以你執著的努力，就佔了大便宜。」有時候我很佩服念瑜創立品牌和不屈不撓的精神與勇氣，這輩子你曾做過什麼無法追悔，卻可以為了它做任何事的不得不嗎？很多人想去追，光說不練卻只能追得回自我安慰。

大膽跨出國際高度

章念瑜嘗試把作品與 Pa Pa Rice 私廚的廚藝大膽跨界結合，合作出另一種國際高度，主廚做出不違和的蒜苗鹹豬肉燉飯、紹興酒燉飯，除了味道不違和外，還碰撞出東西方文化的美味關係，還有專為素食者提供的黃甜椒燉飯，無論是擺盤或口味上都是超乎想像的驚喜，用越在地越國際的概念，以台灣的壽司米做出台味燉飯。

Pa Pa Rice真的是一間太有意思的燉飯專賣店了，白天專賣各種傳統或特色燉飯，例如：鹹酥雞燉飯、雞肉燉飯，到了晚上切換成餐酒館的概念。主廚現做的精緻開胃菜色很適合開懷暢飲，不用擔心趕場續攤的問題。

一改過去使用培根以及加工火腿，Pa Pa Rice 以台灣最高等級安全加工肉品——「果木小薰」手做的煙燻生火腿肉片，搭配小蘑菇佐以二十年巴薩米克紅酒陳醋炒出的下酒菜，十分令人驚豔。還有馬祖空運的肥美淡菜正當時令，用白醬炒出酒香，清甜品質不輸給在巴黎巴士底餐廳的口味，第一次發現原來孔雀蛤淡菜的產地距離我們那麼近，四人單點平均只要六百元，品嚐米其林美食何必一定得出國？

一位年輕型男把兒時記憶紋身在手臂上，有愛的 Rocker 無需用血腥和暴力描寫青春的點點滴滴，主廚阿偉顧家、愛拼經濟，全身充滿愛與希望，難得多年來對廚藝的熱情洋溢居然也是年少時受《阿鴻上菜》的影響，誠惶誠恐、小心翼翼地鑽研料理。主廚阿偉哥也是為了讓台味藉由東風西美的表現，讓傳統味道藉由年輕潮牌繼續傳遞下去，這一餐從創意、視覺、味覺各方面來說都是一種享受。

Papa Ric

除了燉飯，前菜的馬祖淡菜、炒鮮蝦、炒野菇都很好吃，我媽媽說就連最後的芒果優格也都很好喝。因為 Pa Pa Rice 堅持只賣食物不賣加工食品，像是蒜味松露白醬可以當成萬用醬使用，從早餐塗在烤麵包上到晚上可以用來炒台南關廟麵，一整天不出門也可以宅得很浪漫煮意。

比起花費近萬元去吃米其林吃到假鬼假怪、不搭不七，可以換位思考來 Pa Pa Rice 這裡或阿公相親時去的「波麗露西餐廳」，把台灣西餐的演化史一次吃到肚子裡變成程式的記憶。

高端訂製美食，打造台灣米其林

Le beaujour 芃卓、VG 集團

三十年前的松江商圈以六福飯店的周邊為主，有長春戲院輪番放映文青最喜歡的國際影展電影，或是很多服務業、六合彩博弈、情斬桃花的人專程來到相當靈驗的四面佛祈福祝禱，隨著時代變遷與都更，都變成了許多人青蔥歲月的泛黃記憶。

現在只剩下鄰近捷運松江南京站，四平街陽光商圈座落位置約為北起長春路，東至伊通街，南至南京東路，西至松江路所圍成之區域，有著名的富霸王豬腳、無名紅豆餅、食彩櫻炸雞塊、戚風蛋糕、譽展蜜餞行，甚至是辦年貨都可以在女人街上操辦。

來到松江南京站附近剛完工啟用不久的商辦大樓，這裡經過重新規劃，整體變得煥然一新，走在街上宛如在巴黎藝術館或富豪私人宅邸的餐廳，處處都顯現出主理人的品味。

誰說一定要貴森森的才叫私廚？我拒絕炒作虛華無實的餐廳，特別是所謂的私廚，真心支持收費合情合理的店家，讓生活藝術成為日常。強調品味、法式優雅生活的豐富五感體驗，享受廚藝佳、環境美、服務優的米其林級的空間與料理，Le beaujour 芃卓法式餐廳終於在大家的引頸期盼下出現了。

全球製鞋龍頭「寶成」前董座蔡其建醉心茶文化，創立以茶為初衷，融入日常，打造美好體驗的生活品牌「寶元紀」，在二〇二二年十月正式在台中開幕。於台北南京松江商圈創立的新餐廳「Le beaujour」，則是交由長子蔡明倫主導，邀請亞洲最佳女主廚陳嵐舒擔任餐廳廚藝顧問，由曾任職於米其林候布雄法式餐廳的副主廚江丕禮帶領團隊執行，工作團隊年輕富有創意，巧妙將茶與法餐搭配融合產生全新火花，必定會吸引更多國際遊客來台北。

Le beaujour 成立初心是要用最合理平價的 Fine dining 空間來培養提升國人的餐飲品質及生活美學，讓東方文化藉由法餐展開台灣食材的食藝復興。深信從細節講究質感，呈現美好生活樣貌，以 beau = beautiful、jour = day，意即以「美麗的一天」為概念打造全新品牌「le beaujour 全天候法式餐廳」，從早餐到晚餐都能享受 All day fine dining。

餐廳由紐約空間設計師 Lillian Wu 打造簡約優雅的私人宅邸氛圍，色調以大塊的灰、銀、白色鋪排，並精心挑選當代藝術家作品，比如引進從事訂製裝飾玻璃已有三十年經歷的美國工藝家麗莎．斯蒂普森（Lisa Stimpson）的作品裝飾空間，將這項源自於十八世紀法國，以貴金屬、漆等融合蝕刻技術的古老玻璃裝飾工藝呈現出來；位於樓梯迴廊的整面樹葉裝置藝術牆面，則是邀請加拿大裝置藝術家黛博拉．莫斯（Deborah Moss）以純手工繪製，用陶瓷燒製而成。

餐飲部分在台中樂沐主廚陳嵐舒的規劃下，早午餐以最高品質的食材呈現，如：手工奶油、果醬、有機蔬菜和放牧蛋，其他時段則是以單點方式持續供應，菜色重現經典卻又不固守傳統，且更趨近於當代的用餐型態和風格。像是「法式酥皮肉派／肥鴨肝／酸黃瓜香菜醬」就是非常傳統的法式菜餚，選用台灣黑毛豬及鴨肝製作肉派，搭配柴魚高湯凍，再點綴開心果碎增加口感，佐酸黃瓜香菜醬增添清新爽口滋味。

「龍蝦／迪耶普醬汁」使用新鮮的波士頓龍蝦，特別搭配以魚、蝦及馬祖淡菜等海鮮熬製的迪耶普醬汁，再以法式芥末籽醬交織出豐富風味，加入蕪菁與舞茸又多了不同口感。而寶元紀的藏茶，則在一進門迎賓時喚醒客人的味蕾進而提振身心，亦會化身餐點的最佳輔助角色，勾勒出不同的風味曲線，為餐點畫龍點睛，讓藏茶的韻味自然而然的發生，豐富用餐的五感體驗。能感動人心的從來都不是語言，而是行動，有幸在農改先進的寶島台灣生活，我們現在什麼都不缺，等待讓善良遇見善良，讓美好的事物遍地開花。

《阿鴻上菜》多年來從事發掘美食工作，更樂見百花盛開，雨露均霑，讓更多用心的品牌能被肯定。有人願意花時間體驗生命尋找方物，用在地食材把魔法般的廚藝創意施展開來，與那些高級進口食材和極盡豪奢松露雨噱頭的比較起來更有底氣。春華秋實，各擅其勝，辛勤付出和努力堅持總會有收獲，炫富跟炫技沒有對錯，創意跟匠氣全憑消費者的自身品味，自由隨喜。

處暑知秋，微風徐來，所有美好不期而至，這幾天被米其林名單洗版一整天，沒有太多驚喜，只是讓店家抓到商機，趁著這波熱度調整價格，苦了一路支持的消費者。今年米其林榜單依舊是有人上榜，也有人黯然離開，但重要的是每個人心中都有屬於自己的米其林，找到自己喜歡的愛店最重要，對我來說，一家好的餐廳就是符合當天用餐目的與舒適氛圍，一切都剛剛好才是完美。

一家餐廳能否成功入圍摘星因素眾多，門檻過高相對成本會反映在消費者身上，與其說是遺珠，還不如直接說是另一種改變餐飲服務業發展的「布爾喬亞」（資產階級）的趨勢正在悄悄上演，開啟了「台灣餐飲後浪波動計畫」，希望能聚集百川之力、匯流成洋。我們出現了知名廚師，我們開始重視產地，我們開始在意島嶼食材，這說明了台灣的餐飲業近年來已有重大進展。

台灣美食界的食藝復興

在美食界頗有名氣的台北餐廳「VG Encore」也缺席今年榜單，主廚廖致齊（Richard）才三十二歲，非常年輕，他很早就開始做無菜單料理，憑藉著在澳洲工作的早慧與自學，不斷地挑戰自己，連續多年不惜砸重金，吃遍歐洲多家米其林餐廳，連偏遠小鎮都親自跑去，甚至動用在巴黎的廚師人脈去訂，藉由觀摩、品嚐，接受新的刺激，在別人的基礎上內化成自己的想法，再作創新。

他也透過大量運用在地食材與創意料理手法，發現原生食材的魅力，決心讓原生食材用不同的形式呈現在餐桌上。Richard說，以前只重視料理的過程，現在學會了回歸食材的初衷，希望透過這些特殊的原生食材，讓客人重新認識全新的料理風格，點破「初衷」這兩個字不是拿來造神的口號。

這趟品嚐原生食材的「森林之旅」由一隻「蝸牛」揭開序幕，是真的可以食用的法國品種專業養殖的白玉蝸牛。蝸牛肉素有「路上鮑魚」的美稱，選用台東的白玉蝸牛與鮑魚的前菜，展示天地一家親的組合，搭配檸檬醃製的蘆薈及地瓜葉的醬汁形成了一種奇特的口感。其中最有趣的莫過於鮑魚和白玉蝸牛的對比；分別佐以海膽和台灣地瓜葉呈現高、低、外、台的對比。席間幾乎每道料理，無論從視覺味覺都讓人猜不出食材和味道，也引起同席友人之間的熱烈討論，享受一趟豐盛的餐桌旅行。有時候只需要一點勇氣去改變，生活會更豐富，心情會更明亮。

Richard 擅長突破菜色極限，以「有趣」貫穿整個餐期。這季的主題是海嶼（海洋及島嶼），充滿創意但不賣弄 fusion，加上口條非常好、說菜功力一流的 Sophie，內外場的溝通過程細節講究，每一道菜都讓人驚喜連連，竟然連許多小細節也都想到了，單一醬汁再滴上其他不同的醬汁，會讓口腔像做 Spa 一樣，不斷的享受植物精油產生的化學作用，原來台灣原生種的山野菜昭和草也可以變身為法式甜點的靈魂。

近五個小時的用餐過程絕無冷場，從食育讓知識、文化、傳統得以傳承，十足原創震撼感官。從一開始「竹北竹地雞肝／小米」用剛起鍋炸的自然發酵小米麵糰填入竹地雞肝慕斯，充滿嚼勁的口感更勝甜甜圈，雞肝在口腔逐漸化開，食慾隨之大開。「陽明山冷水坑鱒魚／野薑花／香檬」用在地的陽明山鱒魚加入陽明山盛產的野薑花，再用台灣在地香檬提味，原來鱒魚生魚片也可以表現得如此優雅又有層次。

季節鮮魚是一道桌邊料理，在等候時間會上剛出爐的麵包，這次的魚是黑草魚，主廚在鑄鐵鍋內擺上燒得炙熱的石頭，鋪上葉子擺好魚片，在桌邊淋上清酒蓋上鍋蓋，悶蒸三分鐘的黑草魚與焦化的波特菇、飛魚醬汁一同上桌，鮮嫩無比充滿令人興奮的野趣，似乎在向阿美族祖靈留下來的智慧致敬。

主菜選擇有鹿肉、伊比利豬、澳洲和牛橫隔膜、紐西蘭和羊四種，加上六款前菜與兩款飯後的夢幻甜點與咖啡或茶，價位從二千四百八十、二千六百八十、二千八百八十到二千九百六十元不等。

我第一次吃到這麼好吃，鮮嫩熟成恰好的「紐西蘭鹿肉／桃子／山椒馬告胡椒」，同桌友人都點了不同的主餐，可以彼此分享。上桌後最令人驚豔的是鹿肉與和羊，口感軟嫩的鹿肉處理得恰到好處，野味不明顯但風味十足。煎烤得酥脆的羊皮與羊肉在口中越嚼越香，回歸原生食材的森林系大地料理，讓我覺得如入美國黃石公園神遊一番，有魔法的廚師讓人欲罷不能。

VG Encore 的用餐氛圍不是那種拘謹嚴肅的氣氛，吃飯成為快樂的事，鄰桌客人好相處，不管是腸胃還是心情都好到不行，吃得舒服輕鬆又自在。在台北私廚橫行，平均單價難得不超出三千元可謂十分佛系，如果用高 CP 值來衡量 fine dining 是非常不尊重的評價，但保證會讓你感覺到非常物超所值，花得開心。

重現經典中的老味道

聚聚樓、真心台菜

曾幾何時，「相聚」這樣的美好日常，隨著疫情蔓延，竟然成為人間的高度風險，雖然不能直接相聚，幸而我們還能透過電話、訊息傳送思念，表情達意，關心身邊每一個在意的人。而大家也用不同的阿Q精神居家隔離，好好照顧好自己，等待疫情平息，期待實體相聚華麗回歸，他日相見，定是更好的風景。

坐落於松菸誠品三樓的「聚聚樓」有整面的落地窗，能將一望無際的綠意盡收眼底，大巨蛋就在眼前延展開來，視野絕佳、私密性高，是一個舒心又愜意的地方。來此地的族群多是年輕的小文青，很有活力，映照著窗外的細雨紛飛，彷彿能將一切洗滌乾淨，重現原本清新的樣貌。

「上善若水，水利萬物而不爭」，所以我喜歡雨天，花草樹木都能雨露均霑，得到雨水的滋潤。日本最近開始下雪，交通變得很不方便，很多事情進度變慢，多少都是受到天氣的影響。從新聞上看到很多人千里迢迢，專程去日本只為了跟風去賞楓、賞銀杏、趕流行，徒增旅途疲累，我對此則是興趣缺缺。

感謝法國「達梭系統工程」張銘輝總監，提前安排聖誕節家宴聯繫情感，倍感溫馨。人生苦短，緣來不易，我們都應該好好珍惜，並用寬容與豁達，去對待生命的每一個人，每一件事。冷冷的寒雨大來上一盅熱熱的薏仁胡椒豬肚湯，湯頭非常濃郁且入味，光是湯底就超好喝，一碗熱湯喝下，喝得渾身暖呼呼正合我意，而山藥和豬肚的熟成時間恰到好處，既保有口感也非常好吃。

可能是土象星座的關係，感謝老天爺讓我生活在台北，樂山樂水，交通便利，即使走在馬路上享受著冷冷的天，被毛毛細雨像面膜一樣，水潤緊緻我臉上的毛細孔也會有微笑曲線。我跟張總從二〇〇〇年在上海相遇至今，相知相惜，不知不覺成為了像親人一樣的情誼，相聚是人間最美好、最難得的時光，重逢是對相遇的一次複習，每次相聚都為回憶多添一筆。

人生聚散無常，起落不定，但走過去了，一切便已從容。無論悲傷還是喜樂，光陰都不可能重來。希望大家只要想與家人朋友相聚，都應該好好的、認真地對待與珍

惜短短一頓飯四目交接的時間，千萬不要為了聚而聚，囫圇吞棗沒了交集，了無意趣。

人生越活才越明白，走了一大圈閱人無數，才明白圈子不同別強容的道理，跟煲靚湯一樣不能急於強求，要經過老火的淬鍊才能釋放出好味道。下次如果再到松菸看展，我會想再點一杯「青檸桃膠銀耳露」，這是檸檬愛玉來到文創園區的華麗變身版，廚藝的創意來自巧變在地食材的美味升級與世界接軌，下廚前你只需要記得玩得開心！學習在於好奇心，而不是工作，清新的酸甜滋味是永保青春活力不敗的飲品。

走入客人心裡的味道

「真心台菜」餐廳駐點在微風南山和微風復興百貨，很適合年輕族群聚餐品菜。許多品牌進駐商場主要是冀望在好的平台建立品牌魅力，增加產品的辨識度，等流量累積下來再做轉型，所以要擴大影響那些有品味的KOL，讓他們能認同「技巧」這件事，不論是從職人、生產者的角度來看，才有機會讓用心與創意重新被看見。

以前台北人慶生慣用紅葉蛋糕或壽桃，現代人流行儀式感和客制化。我經常看到日本料理店主廚會把食用級海膽加鮭魚卵，鋪墊在壽司米飯上，點根蠟燭為壽星助興，隨著景氣低迷，餐飲服務業越來越需要走進客人心裡。但我第一次看到用充滿韓風的麻油雞油飯裝入火山石的石鍋拌飯為壽星獻禮，很潮也夠復古。麻油雞對台灣人來說象徵著母性榮光，餐廳用韓式石鍋盛裝豐富的麻油雞油飯，為基隆遠東泡泡冰女王石怡蕙小姐慶祝生辰，不單有懷舊的台灣古早風味，加熱後的石鍋還可以再吃到像上海菜飯的鍋巴香氣，完全顛覆我對麻油雞的印象。

把台灣老味道呈現出新食尚，是餐廳的執行總廚王聖堯這位年輕ＣＥＯ最大的成就感。他師承多位大師，不斷地突破精進，花費很長的時間到宜蘭取經，把正宗台菜去蕪存菁，再次提升，藉由幾道經典台菜回味走過的一甲子歲月，順道體驗食藝復興。

「宜蘭菜脯蛋」是將菜脯、蒜苗、雞蛋三元素利用火候掌控油溫，讓蛋白質在熟成中混入高溫空氣，製成一塊厚厚的台式鹹派。特別使用鹽、糖二次工法製作的「罐封漬菜脯」與坊間菜脯不同，這裡統稱宜蘭菜脯，算是濕式菜脯，也是醬菜的一種。這種菜脯口感比曬乾的菜脯更加脆口香甜，搭配蒜苗入鍋烘煎，讓濃厚蛋香與之交織，整體香氣不輸曬乾焙炒過的菜脯，成為台菜之中同中有異的菜脯蛋。

「糕渣」看起來像裹了炸粉的蘿蔔糕，主廚會特別提醒注意燙嘴，用蝦肉和雞湯肉凍製成的宜蘭糕渣一定要趁熱咬一口，冒出的煙氣口感十分特別，一往嘴裡送卻是濃郁綿密，又十分燙口的有形高湯，跟炸牛奶一樣的概念。早期逢年過節拜拜用的三牲（全雞、全魚、豬肉），汆煮後餘留在鍋內的高湯，混合肉泥打粉冷卻後，製成類似洋菜的動物性膠凍，代表宜蘭人勤儉純樸，惜福愛物的樸實性格。

遵古製法的還有「龍鳳腿」，二十多年前我在宜蘭的三角公園曾經看過這種小吃攤，把大量青菜的邊角料重新整合成類似肉身的口感，入嘴滑口、蔥香四溢、口感扎實。以前慣用三牲祭拜，無奈一隻雞只有兩隻腿，只有父親或長子有得吃，因此女性長輩特別將剩菜與「菜尾」混合，捏成像雞腿造型的「龍鳳腿」。外層使用「豬網油」包上三星鄉的青蔥酥、荸薺、豬油、豬肉、鮮蝦等打製內餡，油炸後豬網油形成酥脆香濃口感。主廚特別找供應商提供豬小排骨仿真的棒棒雞腿，真的是唯妙唯肖，手工製的龍鳳腿不輸肯德基的懷舊小翅腿。

「真心台菜」有心傳承培養年輕廚師發揮廚藝與創意，讓台灣味道更年輕化、更有創意，在這裡也是台北唯一同時可以同桌吃到「香茅廚房」台泰料理混搭美食的平台，非常吸引年輕族群。比起一餐人均二千五百元以上的私廚，這裡的單品從二百五十到六百元之間，性價比超高，我覺得新品牌對消費者來說是新利多，可以一試。

美食發源地的新亮點

鼎王、無老鍋、灶鼎

有心理學的研究報告指出，味道能夠勾起特定回憶，可以利用芳香療法來進行治療，喚起沉睡中的記憶。事實上，在日常生活中我們也習慣用味道來記憶周遭許多事物，比如有人會用文字、影片寫日記，有的人則是用味道留下人生各個階段的幸福標記，待日後再重新回味這份舌尖上的回憶。

提到記憶中的老味道，自然就會跳出許多回憶裡那些幸福的小食光，很多的都市傳說，像陪伴老新竹人的「黑貓包」，就是我童年回憶中幸福的味道。早期台中人帶出門最廣受歡迎的手信則是在已遷移的中正路第一市場裡的旗魚鬆，來自鄰近梧棲魚港現撈的漁貨，是最適合老人小孩補充鈣質的「等路」。

台中發源且紅遍全台的食物可謂「族繁不及備載」，甚至有不少品牌「出國比賽」

或展店，風光無限。像是春水堂的珍珠奶茶、繼光香香雞的炸雞、日出的鳳梨酥、築間的火鍋，以及台中老字號糕餅的跨國業務，亮麗的成績單堪稱一個比一個精采，這些紅到國外的知名品牌成了飲食文化輸出的台灣之光，餐飲品牌的殿堂。

早期台中的發展以鐵工廠軸承等傳統製造業為主，大約是從一九八三年開始，春水堂將傳統熱茶轉變為冰涼甜茶，發明了泡沫紅茶。三年後，再將奶茶融入地方小吃「粉圓」，成為朋友間的特調私房茶，隔年「珍珠奶茶」正式上市，如今幾乎成為人手一杯的當代國飲，轉過頭細數日子，原來珍珠奶茶今年已經快四十歲了！

和台北的分店很不一樣的是，台中的店面豪氣十足，空間簡直不要錢，不但坪數大，或挑高設計，或各具主題特色，多半極為寬敞舒適，和台中的天氣一樣怡人。從早期的中港路開始發展的綠化工程的庭園咖啡和小橋流水的複合式餐飲耕讀園，一邊享受現場表演一邊喝咖啡，或是體現精緻滷味的時尚也是從台中流行起來的。慢慢的，台中市的休閒產業轉型升級到七期周邊，用輕鋼架結構設計的人文餐廳跟汽車旅館。從最初開始養地到品牌行銷成功，台中市商圈重心從舊城區成功移轉到各區，如今從台中歌劇院放眼望去，盡是都市更新的榮景。很懷念過去曾經萬頭鑽動，小販一位難求的逢甲夜市商圈，成為全球餐飲業者朝聖取經的首選，孕育無數台灣小吃晉升成為餐飲服務產業的連鎖品牌。

即使不常見面，仍不時想念

好餐廳就像老朋友，即使不常見面，仍然還是會不時想念。鼎王麻辣鍋餐飲集團整體空間設計運用清水混凝土作為主要建材，如同置身在東京安藤忠雄美術博物館，跳脫傳統吃火鍋的五感享受，是台中最成功也最具代表性，同時也是很多人每次到台中必定造訪的地方之一。

同樣在品管與服務內容都成為同業眼中的標竿，把市場成功分眾引流的「無老鍋」，也成為名流貴婦回鍋率最高的品牌之一，強化食材內容同中有異，結合兩種鍋底的鴛鴦鍋——膠原蛋白美顏鍋和無老長生辣香鍋，這一鍋清香溫暖了寒冬的胃，也是我每每點餐時的最佳選擇。無老鍋在很多小細節上都十分講究，從擺盤到服務，每一處小細節都讓人倍感尊重，除了九十度彎腰鞠躬的服務態度外，最令人印象深刻的是可以無限量續加口味十足的鍋底。最受年輕人歡迎的是黑白豆腐，就連酸白菜火鍋也都十分有誠意，吃不完的鍋底打包，另贈一包酸白菜，落實「環境教育」食物不浪費，真不愧是合作互助的田園城市。酸白菜採自然發酵，用時間換取空間，天然無負擔的感覺，讓喜愛喝湯的我吃完感覺很好，口味後來居上，一點都不輸給台北酸白菜鍋的老字號——「台電勵進餐廳」。

「灶鼎——麵食茶作」是個年輕的新品牌，牛肉麵和小菜都很好吃，還有我最愛的奶茶也很好喝，是值得推薦的口袋名單。一開始是先被店家外部門面所吸引，整體圍繞著紅色系作為主題色，不同的木質材料交錯與紅色招牌，不著痕跡地搭配，視覺上烘托出暖和感受，室外酒紅色磁磚與室內的長虹玻璃勾勒出一種懷舊氛圍，彷彿回到七、八〇年代，是一間兼具質感與復古風的店家，完全跳脫永康街傳統牛肉麵店吃飽喝足後速速離開的固化印象。

除了裝潢頗具巧思，很可愛，對待食物的態度更是用心。喝到的第一口湯著實令人驚豔，層次很豐富，感受得到湯頭中含有滿滿的紅燒果蔬精華，加上肉質處理得軟嫩不柴，我點的是用腱子肉的紅燒豬肉麵，厚實有嚼勁，無油無慮，簡肥不減肥，湯頭好喝到停不下來還想再續。麵條很特別，是罕見的皮帶寬版麵，皮帶麵的口感有點像是厚實的餛飩皮，滑滑軟軟的，挾帶著湯頭濃郁的香氣，剛開吃不知道滑掉了幾次，後來掌握訣竅後就能享受這種寬麵的好處，可以將湯頭的香氣一口氣送入口中，非常過癮。店家把義大利麵多元的概念中西融合，很富有食藝文化，煮麵時間拿捏得剛剛

鼎王麻辣鍋

好略帶嚼勁，搭配無勾兌的原湯掛在麵上，閉上眼睛好好享受舌尖跟牛肉麵來一場熱烈的法式深吻。

這家店最特別的是飲品，跳脫複合式手搖飲料，返樸歸真走文青路線，不妨嘗試熱茶冷飲的正宗鐵觀音，陳年好茶口感不澀，尾韻帶茶香，不加糖的味道讓茶味十足，少負擔更健康，解渴剛剛好。

搭配的特色小菜是椒麻豬耳朵，本身不辣但尾韻帶有椒麻香，非常夠味，很適合當下酒菜，不敢吃辣的朋友也可以試試。另外還有麻辣米血也是我的菜，追愛指數直逼高雄阿囉哈滷味，把潮州乾式滷味入味卻不死鹹完美演繹。

店長的父親來自餐飲界知名的台中「涼師傅麻辣鴨血豆腐」，結合餐飲世家的傳統經驗，老菜呈現新風貌，竹筍滷肉飯幾乎樣樣都好吃，連美鳳姐都強力推薦。人的一生如負重前行，無法急於求成，而傳統美食精神與品牌傳承，都需要勇氣去堅持到底，為了能讓傳統老味道繼續傳承下去，年輕團隊自創品牌，在追求完美細節上能做到位，有吃又有得喝，店員整體性一致，服務親切。「灶鼎」創意美食十分不容易，真的是後生可畏，值得給予鼓勵。

帝王等級養生料理

極膳頂級草本鍋、鹿茸創意料理

以往大家都認為只有資深的長輩們才懂得養生哲學，我發現時下年輕的一輩除了「運鈍根湯」以外，也很喜歡藥膳迷人的魅力，天冷的時候懂得用養生火鍋與食補的功效來好好呵護保養自己的身體，也能趁此機會和家人朋友聚在一起吃頓飯，談談人生理想打打屁，交流聯繫一下感情。人生中最幸運的，莫過於有著像朋友一樣的家人，和像家人一樣的朋友。

中藥複方龜鹿二仙膠，自古以來即被視為補氣血良方，更是預防骨質疏鬆的聖品，屬於溫補的食療，可以媲美北方人在重要時刻會端出來的宮廷御用東阿膠一樣珍貴，吃了之後也會覺得自己和古代宮廷的娘娘貴人們同樣的尊貴不凡，風華絕代。就連坊間強調「顧筋骨」的葡萄糖胺類保健食品中，都宣稱含有龜鹿成分，以吸引更多消費者購買，就不難看出龜鹿二仙膠的重要性。

我曾經在《阿鴻上菜》到澎湖出外景時，親眼目睹它的熬製過程，不但耗時費工，至少還得花上三天三夜才能成為內行人指定的在地方物。但由於原料昂貴、烹煮費時，龜鹿二仙膠的價格始終居高不下，因此市面常有不肖業者以劣級品魚目混珠，讓消費者難以辨識，服用後不但無法達到預期的保健效果，還可能產生不良影響。

高級的食材可以療癒自己，再有滿滿的能量去療癒他人。近幾年在火鍋市場上出現如「橘色」、運鈍根湯等強調食安與養生，搶攻頂極客層天花板等級的火鍋品牌；而另一個火鍋品牌「極膳頂級草本鍋」也悄悄露出檯面，除了CEO外，也吸引了不少年輕人前去朝聖，因為品牌能依客人口味、健康需求，提供客製化的調理養生火鍋套餐。而且，這間養生料理餐廳，除了有用餐儀式感之外，也很打動年輕人的心，不單吃得安心，還擁有帝王級的享受。

在東區安和路附近的巷弄裡，向來就有很多著名且低調的餐廳在此插旗立足，有一家主推「龜鹿雙膠食藝復興」，走低調隱藏版的三星級溯源餐廳「極膳頂級草本鍋」也成功吸引了我的注意。許多政商名流像是劉泰英、國泰董事長及夫人、唐鳳、盧廣仲、鄭家純、吳宗憲，還有統一證券前董事長林忠生等都是這裡的常客，因此，頗值得和大家分享介紹一番。

先療癒自己，再去療癒他人

所謂的「溯源餐廳」是台灣農業跨領域發展協會（AMOT）於二〇一一年成立，以建立「可視化的追溯系統」為訴求，希望帶動生產者及食品廠商的自主管理良知，來為民眾打造可信任的餐廳平台。

這家餐廳無論是地點的選擇、室內風格的設計，甚至是許多擺件都帶有一點古樸色彩，有點像是回到我阿嬤的那個年代的錯覺，低調奢華有品味，看得出來店主人很用心，才能將這般慧心巧思的設計完美呈現，不落俗套。菜單簡約而有質感，詳細說明食材來源與特色，讓人更能吃得安心與舒適，菜色也非常豐富，絕夠能夠滿足四方豪傑挑剔的嘴和胃；清爽且保持食材原味，秉持著少油、少鹽、少糖，以及無人工調味的原則，提供養生美味好吃的食物。尤其頂極鍋的湯底是以「龜鹿雙膠」調配而成的，雖說是火鍋，但用餐全程都有專人提供桌邊服務，一邊煮食一邊「說」食，讓我們吃得美味，聽得過癮，如此這般，真是美哉！

火鍋湯底以龜鹿膠為底，不只用來涮還要一滴不剩的全食概念，打造帝王享受的頂級草本鍋，尋找有產銷履歷的食材，如檸檬水、雪翠高麗菜、究好豬、無毒海鮮蔬菜盤等等，沒有加工食品的火鍋料菜盤真的是太感人了，可以充分享受天然食物的好滋味。

用膳流程第一步，建議先嚐嚐用帝王膠調配熬煮的原味湯底。很多人一聽到是龜鹿膠湯底，難免會嚇到吃手手。湯一入口便發現，熬了八天的養生膠精華搭配五十二度陳年高粱所調製的膠酒，不僅湯清味美，香醇甘甜，而且濃醇不嗆辣，還極為順口，可做為藥引幫助身體帶動氣血運行。

聞香之後，桌邊服務員就將它倒進鍋中一起煮，第一次體驗像這樣真正的藥膳，店家對於環境、食材、服務的用心真的讓人很感動。藥膳鍋也很符合大眾口味，不會有在吃中藥的感覺，而是像在南洋品嚐肉骨茶。「龜鹿雙酒巧克力」特殊又具時尚感，絕妙組合融化在嘴裡的感覺難以形容，還是要請大家找機會親自來試試看。

小時候每家的媽媽們都會各種精采絕倫的「獨門手作料理」，單純而豐富的農村生活真令人懷念。這一路上感謝大家不斷給予我學習與成長的機會，很榮幸可以延續這樣的緣份與台灣養鹿協會合作，一起為寶島的高經濟農業邁向國際化發展加油。

話說回來，鹿茸擁有豐富胺基酸，可幫助增強體力、提升保護力，並含有豐富鈣、鎂，有助於運動時肌肉收縮和骨質合成。國產鹿茸不同於印象中只能泡鹿茸酒、鹿茸粉，自一〇六年起在農委會的輔導下，如今鹿茸周邊產品都經過國家級實驗室檢驗，已經廣泛運用製成面膜、保養品、隨身飲料、機能果凍等即食產品。透過科學製程，也將陸續開發更多優質的國產鹿茸加工品，創造多元的補養方式。

娘在家在，學習在家做養生料理，人人都可以成為名媛貴婦，好好珍愛自己，輕鬆打造米其林級的鹿茸創意料理。可將新鮮淮山藥切成細絲，再加入聖女番茄、洋蔥末等食材，並淋上龜鹿茸易飲，就是一道清爽又消暑的「夏日持久美白沙拉」。深受大小朋友喜愛的「百花靚亮碗蒸」，只需將鹿茸滴雞精與蓮藕粉調勻，加熱成琥珀色，淋在百花蒸蛋上即可。

「鹿茸涼補四神湯」先將四神湯複熱，再依個人喜好加入鹿茸藥酒，成為炎熱夏日的涼補聖品。「京都戀情寒天」則是將寒天凍淋上鹿茸大棗飲及煉乳，並以食用金箔點綴，絕對是今夏最吸睛的和風甜點！沒有分子料理假鬼假怪，繁雜的擺飾和避實就虛的話術，保證簡單「茸」易，美味健康，最重要的在於——自己喜歡就好！

HK
海光俱樂部中餐廳
大家茶禧
OPEN

追憶舊日食光

竹籬笆外的春天

海光俱樂部中餐廳、蔡氏冰釀鴨

在很多酒店餐廳紛紛推出年菜外帶的同時，這次要介紹這家一年四季都讓您有回家過年感覺的餐廳，它不但承載了三代高雄人團圓的記憶，而且是自家廚房限量上菜，不是食品廠出貨，每年的桌菜跟單品都是當日現作的熟食料理。

「高雄眷村美食」歷史悠久的海光俱樂部中餐廳入選二〇二二年米其林指南必比登推薦，實至名歸讓高雄人都為之沸騰。從餐廳磁磚牆面就可以感受到一種走入歷史的復古感覺，還有大紅燈籠高高掛及大型春聯，十足老派作風又相當懷舊。這裡最早是美軍俱樂部舊址，只有美軍才能進來消費，美軍退出後由國防部接管，成為海軍軍官們休閒聚會場所。

後來隨著時代演變，開放民間團體進駐，以道地浙江上海菜、老左營眷村菜為主打，不僅道地美味，口味豐富又平價，低消一桌只要四千塊錢，高貴不貴，性價比破表，宴客澎湃又體面，高雄江浙菜老店經過三代外省舌尖上的考驗，我相信好味道始終不會被埋沒。

這裡也曾是海軍聚餐加菜的指定餐廳，早期軍中聚餐地點不是四海一家、桃子園，就是來到海光俱樂部。餐廳沒有奢華的裝潢，整體用餐環境寬敞明亮，桌距剛剛好，那種嗨起來可以拉開嗓門，不怕隔牆有耳，還可以一起湊熱鬧，完全符合人多好吃飯的氛圍，這就是我印象中的眷村味。

弘偉地政士事務所負責人蔡方和老師，他是南台灣土地代書的權威，感謝蔡老師多次帶我到海光俱樂部，聽到他們放開嗓門的招呼聲，有一種回到老家的感覺。這家餐廳有一個超厲害的優點，就是上菜超快，我們點的菜滿多的，但一下子就幾乎上齊了，滿滿一大桌子，反而是我們吃得太慢。

海光的魚香茄子這道傳統菜色很多人都很喜歡，這是我覺得四季豆最好吃的做法，重口味又無敵好吃，味蕾也能得到最大滿足。有些網紅餐廳刻意在菜單上搞花俏噱頭，內容卻不知所云，無法讓人留下深刻印象，真正厲害的廚子就是能創造經典，海光的烤鴨絕對不輸給我在北京吃過的果木烤鴨。另外一道鴨架子湯千萬不能錯過，美在骨不在皮，來自靈魂的香氣才能展現優雅的力量，用酸白菜一起熬煮的鴨架子湯還加了冬粉，本來已經吃超飽了，但是這個湯的酸菜味道很天然，提鮮回甘，加上天然酵素還能幫助消化。在通膨的時代要懂得花錢的藝術，務必請工作人員幫忙續湯打包帶回家，真的越熬越好喝，健康無負擔。

幾道大菜下來大家也吃得很開心，黃豆燒元蹄肉香四溢，帶魚燒蘿蔔鮮味十足，還厚著臉皮請老闆翻出老花雕，搭出一輪風味絕佳，吃得流連忘返！

最後是海光的蔥油餅依然讓人驚豔，蔥香、油香、麵香交織的完美組合，簡直不輸給羅東夜市的三星蔥油餅。主廚用滿溢出來的蔥花黏多醣體跟豬油胡椒，再用多幾個摺子的燙麵包起來，代替飯後點心，吃起來比肉桂捲還健康，通常吃了一定會再追加，真是迷人的存在。

蔡方和代書喜歡帶朋友到海光用餐，這與他的海軍軍校退役背景有關，在此可以跟很多老同學不期而遇，一起回到青春時光回憶當年。英雄少年時代經歷過訓練與磨練的考驗，斜槓到專業代書的領域，行動力十足。蔡大哥為了栽培最小的兒子蔡厚毅，培養他對廚藝的興趣和傳承老奶奶的手藝，還特別讓他去學習技職教育，並且創立了一個傳承眷村美味的永續食品品牌和饌食品行，而且「蔡氏冰釀鴨」還榮獲「高

HK
海光俱樂部中餐廳
大家恭禧
OPEN

雄100．百選美饌」，也是最具代表性的眷村伴手禮。

十多年前我在上海停留一段時間也算接地氣，上海本幫菜的特色就是濃油赤醬，蔡家冰釀鴨說穿了就是冰鎮過的醬鴨，讓鴨肉經過熟成入味，成了連骨頭都想吞下去的醬鴨，蔡氏冰釀鴨的口味很符合老上海人，我相信有品味的老克勒都會喜歡吃的。

蔡家祖籍山東，也是典型的南北合眷村文化，蔡媽媽是水靈秀氣、聰慧伶俐的江南人士，不過醬鴨並不是山東味，而是多年前向鄰居媽媽學來的。那個年代的社區媽媽經常互通有無，彼此分享，於是就有了利用在地食材，把各路家鄉味道南北融合在一起，充分體現出社區媽媽們的無私精神與巧手慧心，於是蔡媽媽也把粉蒸肉跟佛跳牆裡面必備的關鍵因素改良成台味十足的蔡氏古早味排骨酥。

最近他們還推出了麻辣香腸和白酒香腸，全部都是用最高級的食材製作，自行送檢合格，企圖爭取高端的客戶與傳統市場做出區隔。這樣的成本雖高，但是口碑行銷完全適用，而且還加深消費者對品牌的印象，可以講究絕不將就，講究食安問題的時候，成為肉品加工食品的先驅。

以前在上海的小區還可以看到的弄堂文化，因為都更已經漸漸快被遺忘了，那些竹竿上推出來曬太陽，像萬國旗的內衣褲還掛上家家戶戶自己做的白酒香腸，改刀用來炒青菜，再放點蒜末撒點水悶一下，就是過小日子簡單的幸福。上海人習慣把這種酒香香腸蒸來吃，用烤的上火，用煎的太油膩，一根麻辣搭配一根白酒香腸，一起放到電鍋裡跟飯一起蒸，效果更勝香港的煲仔飯。

請讓傳統繼續傳承下去

感謝您們把手藝經過巧思內化，在我們這塊土地傳承下去，做成老鄉們之間聯絡感情的優質手信，也和屏東著名的的鹹水鴨一樣，成了代表南台灣高雄左營眷村最具代表性的文創產品。有時候想要找些過節的下酒菜還真不容易，「蔡氏冰釀鴨」的主力產品冰釀鴨不只可以上桌當年菜，聖誕節或生日趴也十分搭，搭配其他滷味，尤其是冰鎮過風味獨特，整個味道濃縮凝鍊不張狂，適合跟高粱酒一起細細品味，和朋友在家小聚，沒有比這還有味道的冷盤下酒小菜了，完全可以把家裡直接變成錢櫃KTV。

另外，還有他們的鴨舌、鴨翅、滷花生和冰釀捲，就是喜來登飯店請客樓最受歡迎的「悄悄話」，把豬耳朵煮軟，把紅燒的豬舌頭用棉布綑綁定型，再繼續浸泡在滷汁裡使入味，這道功夫小菜味道好又不用加熱，可以放入冰箱冷藏一下，切薄片貼在舌頭上變成可以吃的藝術品。

《阿鴻上菜》再次真心推薦，不用加熱的年菜，冰釀鴨是最適合的滷味冷盤，品項多元，百吃不厭，可以從年三十吃到元宵節，春節期間就是要有年味，台灣的眷村文化最大的成就就是把南腔北調融合一爐，調和改善。沒有什麼正宗，只有遵循傳統，看看如何把上海家常的醬鴨改良成為冰釀鴨，管您要不要搭配啤酒，只要試過一次，保證會好吃到停不下來。

異國美食何必捨近求遠？

小倉屋鰻魚飯、水底寮無刺虱目魚專賣店

最近很多人到日本旅行，對當地物價指數上漲都很有感，算一算還是在台灣吃日料最划算。台灣美食在廚藝創意上，除了多元的包容性還有獨特性，任何一種品項都能進化升級，甚至超越其他城市。

我在星馬地區觀察當地的日本料理，無論是板前、火鍋或是燒烤都沒有台灣好，除了食材跟味道之外，還有很多眉角，這可能是台灣文化在很早就受日本文化影響，所以我覺得台灣品牌進軍東南亞，技術跟口味上可以很快做調整、接地氣，再加上廚藝創藝具有很強的優勢與競爭力。

台灣除了米其林還有很多隱藏在社區角落的人文美食，可謂美食如林，推薦大家光臨東區鬧中取靜的「小倉屋」，在匆忙的都市生活裡是難得的返璞歸真。Brian 莊

偉中先生是台西醬料工藝品牌「丸莊醬油」的第四代少東，在企業裡擔任副總經理，十年前我們在上海的聚會場合中認識，那時他剛從美國學成歸國接手家族企業，不過我認識他父親在先，加上我母親也姓莊，自然格外親切，印象深刻。

地方創生的推手

丸莊醬油是台味傳產業者，堅持走自然熟成及純黑豆釀造的高端市場路線，強調用非基改的大豆以傳統工序，用時間換取熟成與純釀品質。謙虛才能學習，堅持才能達到目標，這是莊總對每一件事情的處理態度，才能與新加坡郭家企業的品牌「金龍魚」強強聯手，順利將台灣品牌魅力及獨特風味引進中國各大城市，突破以往傳統產業地方創生發展，打造成對外開放參觀的觀光工場，充分表現自家產品的魅力。

為此莊總也特別到日本九州小倉取經，長達一個多月的停留，感動米其林星級餐廳的百年排隊老店「田舍庵」，願意在台北成立第一家海外分店，把傳統的蒲燒鰻文化與技術重新引進，嘉惠台灣的美食同好，打造「小倉屋」鰻魚飯成為殿堂級食堂，提供自古以來深受大眾喜愛的鰻魚料理。

美麗的木製漆器「重箱」裡鋪滿熱騰騰的北海道米飯，搭配表面酥脆有炭火香氣、魚肉鬆軟的鰻魚，享用烤至如焦糖般美麗色澤的蒲燒鰻魚，讓我們可以不用出國門也可以享用到最精緻的美食文化，這也同時回顧了過去蒲燒鰻從早期松青超市到六條通的不斷升級，讓台灣的日式料理文化再次精進。

記得小時候新竹南寮海埔新生地有非常多鰻魚養殖魚塭，當時鰻魚是台灣最重要的外銷養殖魚類之一，全盛時期鰻魚養殖面積曾經高達二千～四千公頃，年產量六萬多公噸，外銷金額在一百億新台幣以上，對產業及漁村發展貢獻非常大。因大陸的水資源豐富，土地成本及人工便宜，一九八〇年中國大陸改革開放之後吸引台商投資，一九九〇年代後台灣鰻魚產業外移大陸的情況非常嚴重，造成台灣養殖鰻魚的規模急遽萎縮。

近年來，鰻苗產量減少價格飆高，台灣鰻魚養殖業的發展更是雪上加霜，加上鰻魚人工繁殖技術及其瓶頸、養成過程、飼料及疾病防治，以及產銷加工過程等問題，能夠繼續堅持到現在的鰻魚養殖業和得以鰻魚美食的得來實屬不易。

日本人非常重視「土用の醜の日」，也就是每年季節變換的時節，特別是夏日倦怠時食慾會不好，為了補充更多營養，吃鰻魚是最佳選擇。身體因為高溫流汗耗損陽氣，除了冰涼的冷飲與食物，其他都食不下嚥，這樣更易造成寒氣入侵與體內濕寒。

此時吃一些營養開胃、預防夏季疲倦功效的鰻魚，是提升元氣，戰勝酷暑的最佳對策。鰻魚營養豐富，與其他動物性食物相較，含有豐富的蛋白質，維生素A、D、E、礦物質，以及不飽和脂肪酸DHA、EPA含量都高出許多。研究顯示，DHA、EPA對人體保健非常重要，可使血管保持彈性、降低血脂，對於會引起血管阻塞的心肌梗塞與腦血栓等心血管疾病，有良好的預防效果，DHA也對預防癌症及癌症治療上更有助益。

多吃營養滿分的鰻魚，有助強健體魄、增進活力與滋補養顏，特別是需要更多營養的孕婦與孩子，將日本「味自慢」的生活美學概念在台灣繼續推進，在燠熱難耐的夏暑盡情享受季節的風味，鰻魚真是滋補聖品也值得推廣成為國民美食。

難得可以安排兩岸資深的流行音樂CEO季聲珊老師、娛樂媒體界的一姐邱素惠及影片代理負責人廖祥富這幾位重量級的老饕齊聚，大家都公認「小倉屋」的鰻魚料理真的好吃。除了Brian的全心投入，鰻魚飯的樣式也很多變化，傳統的小火燒烤，皮脆肉彈的蒲燒鰻鰻重之外，還有白燒鰻、鰻蒸、鰻櫃等，鰻櫃提供三種吃法，原味、混搭蔥花芥末、入高湯等各具風味，凝香悠長。

蒲燒鰻魚的味道真的很經典，我覺得最特別之處是在於當天現做的，所以魚的風味超級好。恭喜 Brian 成功的行銷策略讓消費者對這老品牌有了新認知及喜好度，想品嚐鰻魚飯以及靈魂的醬料，以後又多了一個好選擇。

日本的各種美食讓很多人會大老遠特地跑去日本品嚐，我乾脆到石牌捷運站吃這盤日式炒麵，比大阪中華街的口味還好吃，真的值得專程前往。經過已經沒落的士林夜市，坐捷運到「石牌商城」美食一條街（或永和里），保證不用擔心會再踢到鐵板。相較於士林，永和里臥虎藏龍，這一帶的生意競爭相當激烈與殘酷，其中不乏有口皆碑、屹立不搖多年的商家，當然也有店家是來去匆匆，有如曇花一現，像之前石牌路二段的「鮮芋仙」倒了，前陣子超夯，甚至還要抽號碼牌的「豬大郎豬血糕」也都消失不見了……

來一份鑊氣十足的虱目魚全餐

今天去榮總探病，轉捷運特別舊地重遊，相信能留下來的必然都是傳說中的練家子，白天是菜市場，過午變成是美食一條街，果不其然今晚被這家「水底寮無刺虱目魚專賣店」的這盤誠意俱足的肉絲炒麵，還有久違的古早味乾煎肉魚就讓人感覺滿意度破表。老闆很用心一盤一盤的炒出鑊氣，因為炒多了也就真的沒有味道了，豆芽、韭菜給的大器，也是史上看見最多的一次，這一盤炒麵居然只要花六十塊現大洋，CP值太高，等於把捷運車票都拿來折抵，十分划算。

我隔壁桌的老行家專程來吃虱目魚全餐，點一對紅燒虱目魚頭滷得鬆軟入味，吃得帶勁有品味，跟上海老克勒一樣厲害，可以把吃過的大閘蟹像變形金剛一樣重新組合，乾煎虱目魚肚還可以跟薑絲一同煮湯，吃到肚子尖出來好不滿足。

這家店完全是做給貓科動物的主題餐廳，十分饒富趣味，也抓住了分眾市場經濟，所以想在石牌這裡站穩經營腳步、鞏固地位，本身也得先有兩把刷子才行。還有隔壁的「北海道大眾食堂」台式日本居酒屋門庭若市，感覺不錯吃的樣子，下次有機會再去試試。

我終於知道水底寮位在屏東的枋寮隔壁鄰居，是太灣海線火車最南端，水產養殖發達，食材新不新鮮騙不過當地人的舌頭，感謝大哥讓我用八十塊錢享受到一趟南部人的人情味，石牌綜合菜市場的確臥虎藏龍。

充滿愛與記憶的台灣麵

台南陽春麵店、撒旦牛滷味、鐵皮屋牛肉麵

有些地方你不一定會再去，但是你會對它有記憶。一間不用靠美食部落客介紹的人氣小店，超過三十年仍屹立不倒的「台南陽春麵店」相當有親和力，從年輕做到中年的夫妻老婆店，一路走來用愛包容守護一家店是最讓人感動的榜樣。

他們跟我一樣都是從外地到台北落籍打拼一生，默默奉獻給服務產業從不怨父母，也不怪政府，珍惜每一個萍水相逢的緣份。平價又有人情味的老麵攤，價格實惠，小菜也很好吃，乾麵便宜又大碗，可以讓外出遊子們吃得很飽。無論是小菜滷味或陽春麵到牛肉麵，可豐可儉，每個環節都很乾淨到位。這家店位在轉角路口，是很多松山在地人從小都熟悉的味道；早期麥帥橋未拆之前，也是很多小黃司機大哥的愛店，推薦這家店的手工豬肉水餃跟小魚辣椒，值得試試。

現代年輕人連一杯手搖飲料都懂得叫外送平台送，但如果沒有親身實地體會一碗熱騰騰剛出爐，看似簡單卻不平凡的陽春麵，那種送到嘴裡麵身勁道十足、剛好順口的感覺，自然很難體會什麼是從無到有的生命滋味，一切得來太容易可能無法體會在苦難中存活下去的哲理。

越努力才會越幸運

我在饒河夜市無意間還發現了一個年輕人的自創品牌——「撒旦牛滷味」，從此以後，饒河夜市就多了一個讓我重新再去的理由。

現在的年輕人勇於創新，大膽嘗試，有機會遇見的話，我們應該都不要吝於給予一些鼓勵和肯定。人總是因為越努力而越幸運，夢想不會發光，發光的是追求夢想的自己，也許從這些勇敢追夢的年輕人身上，我們也能看到過去那個認真付出的自己。

「撒旦牛滷味」不是像那種加了很多亂七八糟的調料，用來覆蓋供應商的低價冷凍食品的加熱式滷味，也不是用醬燒的重口味，反倒很像清真牛肉麵原汁原味的滷水返樸歸真，也有點類似北京小吃鍋燒滷煮的概念，把豬肺等內臟豬雜放在一起，完全考驗食材的新鮮度。老話說：「真金不怕紅爐火」，現場整鍋的牛腱、牛筋還在持續不斷地熬合著，彷彿用了擴香瓶一樣，方圓百里的空氣中都散發著一股濃濃的香氣，倒是貨真價實的「牛氣沖天」。我選了五支像駝鳥一樣的超大雞腳才一百元，回家後冰在冰箱冷藏，經一天的後熟原理變成雞腳凍，連湯汁都變成了肉凍，比吃法餐的肉凍派還過癮。

現代人常說，生活要有儀式感，所謂的「儀式感」就是把簡單的事故意做得很難，把難的事做得很單純、簡單。儀式感就是你吃了還會想再吃，吃再多也不會有華而不實的罪惡感。這家滷味很適合喜歡下酒菜的朋友們，也可以直接買回家，用來簡單煮一碗簡單卻不平凡的牛肉麵，真心值得推薦。

說到牛肉麵，台灣的牛肉麵原來是老兵等著回大陸老家，閒暇時用性價比高的邊角料牛腩肋條所研發的川味創意料理。總有些旅程讓你遠離家鄉，總有些冒險帶你找到歸宿，去國多年，「雁來音信無憑，路遙歸夢難成」，只能將想念家人的心情，一點一滴傾注在料理中，以愛物惜情的態度製作日常的吃食，吃進嘴裡的卻是一種鄉愁的滋味。

沒想到，這種樸實無華的平民美食卻意外紅遍全台，流傳至今也有數十年，歷經時代變遷，不論是傳統老店或後起新秀均各有千秋，台北牛肉麵節更是將這場激烈競爭推上檯面，形成百家爭鳴的戰國時代。君不見現今國際友人來台，除了小籠包、珍珠奶茶之外，牛肉麵更成為指定必吃的著名美食之一。

在高雄梓官這家鐵皮屋牛肉麵卻反其道而行，簡單到不能再簡單的鐵皮屋，甚至沒有一塊足以辨識的明顯招牌，只有屋外的牆上用噴漆寫著大大的「牛肉」兩個字，沒仔細留意的話，一不小心就會錯過。

充滿煙火氣的牛肉麵

七十多歲的老闆已經在此地賣了四十年的牛肉麵，店裡沒有各種複雜的菜式，賣的產品非常簡單，僅僅只有牛肉麵這一味，其他什麼小菜、滷味和飲料都沒有，讓人可以好好靜下心來享用這一碗用誠心製作的牛肉麵。四十年來老闆不用登廣告只憑實力說話，靠著客人間的口耳相傳，用餐時間一到，便有不少熟門熟路的客人逕自入座，更不時有人打電話來預訂，顯然早已聲名遠播，香傳千里。

帶有古風的瓷碗裡裝上滿滿一大碗的牛肉麵，不僅牛腱肉又多且大塊，湯頭鮮甜順口，喝得出滿滿的膠質，還可以順便美容養顏，補充一下流失的膠原蛋白。麵條也十分紮實有勁，甚至還有紅白蘿蔔點綴和撒滿一整碗的蔥花，雖然簡單樸素，但真的是色香味俱全。更加難得可貴的是，價格只要一百元，老闆真的很佛心來著，這碗牛肉麵份量滿滿，誠意十足，ＣＰ值超高，難怪都說高手在民間，在高雄梓官鄉間也能有這種不輸牛肉麵名店的。

這才是真正有靈魂、帶煙火氣的牛肉麵，真搞不清楚為什麼要吃一碗兩千多塊的牛肉麵禮盒，除了滿足虛榮心，假掰的包裝耗材之外，內容跟超商買統一滿漢大餐有什麼差別？別人笑我太瘋癲，我笑他人看不穿，根本不用捨近求遠去慕名排隊還被人當成冤大頭，不如好好珍惜保守自己身邊的幸福元素，實實在在的做一個正常人。

六條通媽媽桑都說讚

姑嫂麵、HANA鉄鐵板燒

台北中山北路二段的「晴光市場」是早期華燈初上條通附近酒店小姐最喜歡買翡翠、金飾、化妝品、水貨，還有跑單幫集中委託行最多的菜市場，這裡也是一個很特別的生活空間，不知何時就會出現大老闆可能同時碰到正宮與小老婆擦身而過的驚險畫面，感覺是在電視長壽劇裡才會出現的劇情，卻一再在此重複上演，果然是人生如戲，戲如人生，假作真時真亦假，無為有處有還無。

附近巷弄很多，各種美食餐廳、小吃店高手如林，能搶進競爭激烈的一級戰區，食材當然也多是精挑細選、產地直送，在這裡購買國內外進口貨一應俱全，保證不會輸給強調日系品牌的微風超市。值得一提的是，這裡的小吃攤商很多都超過了四十年了，能持續至今的每一家都有獨門的功夫暗器，才能把萍水相逢的人變成一試成主顧，即使事隔多年仍然繼續支持，即使移民到海外還是會心心念念。

重溫往日美好情懷

今天小弟很高興能與母親舊地重遊，找了相交三十年的老朋友們敘敘舊，老朋友久而久之沒了消息自然會疏離，還好有「姑嫂麵」這種充滿回憶殺的老地方，可以讓大家再次維繫感情，重溫往日情懷的美好。年華似水，歲月如歌，人生苦短，緣來不易，我們都應該好好珍惜，並用寬容與豁達，去對待生命的每一個人，每一件事。

低調的店面雖然看起來不起眼，但傳承迄今已經超過五十年，目前由第二代苑真姐接棒，繼續戰鬥力十足在攤位為大家服務。即興隨意的黑白切才能有意外驚喜，搭配淋上油蔥肉燥的雞蛋意麵色香味俱全，還有三碗用大骨去油熬到變成乳白色的蘿蔔香菇貢丸湯，撒上招牌的黑胡椒，一次把它喝飽喝滿喝到全身酣暢淋漓，讓大腦釋放快樂內啡肽，一碗熱湯便能完勝嗎啡，快樂就是如此簡單。

同時也把年輕時代搭乘三二〇公車的悠閒時光歷史記憶全部找回來了，那時候我經常從萬華坐到大同工專下車，信步走到姑嫂麵，吃飽喝足後繼續在市場裡兜兜轉轉，我總愛在市場裡尋寶探險殺時間，再從晴光市場一路沿著楓香大道漫步到台北市立美術館，這樣的過程就能讓我加值充電，滿血復活地去台北電台工作。曾經執著的事，如今或許早已不值一提，曾經深愛的人，或許已經成了陌路，這些看似淺顯的道理，非要親歷過才能深悟。

食的滋味與人情味

另一家老字號「HANA鐵板燒餐廳」，立足在中山區條通文化商圈也已經有三十年了，隱身巷弄的低調奢華，持續更新精進賦予老店新生命。拜「華燈初上」之賜，條通文化被戲劇再次文藝復興，漸漸有了生氣，昨晚再次拜訪「晴光市場」農安街，經過三十年後感覺自己像是熟悉的陌生人，感謝黃玉緹小姐的招待，讓我有機會可以再一次品味HANA鐵日式鐵板燒料理。

曾是法式主廚的副總張東碧小姐來自一個良善有愛的家庭，她高調做事，低調做人的態度完全看不出來她是一個厲害的大老闆，短時間的互動可以感受到她像和煦的微光，給人溫暖卻不灼人，知世故而不世故，安靜而簡單。

足夠自信才能身段柔軟上善若水，帶人帶心事必躬親，講究餐廳裡的每一項細節，她認為新鮮食材是料理美味的關鍵，現撈的大明蝦、北海道干貝、深海鱈魚、澳洲和牛，這些新鮮的頂級食材，以嚴謹的服務態度挑選頂級食材，讓消費者直接感受用心。

店裡的鎮店之寶是服務屆齡快半個世紀的鐵板燒大廚阿益師，個性內斂卻可以帶領團隊，以桌邊服務方式把原型食物留住原味，再讓食材之間撞擊出美味關係，面對行雲流水的板上功夫透明又不炫技，一場宴席走起來像是欣賞國家音樂廳的古典樂章，讓旬味料理呈現最精采的四季，高貴而不失優雅，低調而不失內涵，似乎能滿足老饕級的舊雨新知，成為持續支持、回客率極高的愛店。

有幸可以跟擁有五十年職人經歷的阿益師一起同台合影，為我們的人生停留在高光時刻的瞬間留下回憶，他把一輩子的時間投入專注在這個領域中，把自己的人生活成一道風景。

近年來因人事成本需要壓縮，很多餐飲業紛紛大換血，無奈業者大量使用新人頂替，餐飲服務業在內容、品質和實力上出現斷層，專業的鐵板燒料理就像在欣賞一場廚藝的桌邊實境秀一樣。鐵板燒起源於幕末時代，是由傳統的鋤燒基礎上演變而成，以鐵板來增加熱度加速烤熟食物。

一九四五年二戰結束，到處都是廢鐵，廚師藤岡重次在日本神戶首次推出這種料理，以鐵板代替鍋子來烤熟食物，從法國專業職人的桌邊服務內化成適合東方人口味，呈現食物原鮮的特色並開設餐廳，產生了把廚房搬到外面，和客人進行交流，讓客人在進餐的同時能夠欣賞到廚師廚藝的一種餐飲形式。

看到廚藝界的前輩從產地到餐桌，用料選材貫穿中西，也適時加入台灣當令食材，懂得唯材是用、適得其所，像魔法般的把食材用長鏡頭拍攝的概念一氣呵成，變成一道道可以吃的藝術品，實為令人驚豔。感謝主廚在每個細節跟專業的交流讓我得到很多的收獲，感謝有好老闆懂得欣賞專業技能的無可取代，趁著春暖花開一期一會，真的很高興能夠認識這樣的專業職人。

對於喜歡挖掘新餐廳的人來說，藏在巷弄中的寶藏小店永遠是心頭好，餐廳不用豪奢卻能感受主廚對餐飲的熱愛，以及鐵板燒最重要的面對客人的那份料理心，將鐵板燒特別強調的「食的滋味」與「人情味」盡顯無遺，加上華麗的擺盤以及主廚限定食材帶來不定時的驚喜，為餐期增加不少趣味性。「ＨＡＮＡ錵鐵板燒餐廳」不知不覺在時間的流淌中，成為晴光商圈公認牌子老、品質好，內行人都知道的老店。

條通的白天與黑夜一樣美麗

象牙紅咖啡、九條楊海鮮餐廳

時光太快，生命太短，但往往人生最感動、在記憶中最念念不忘的，不過是一餐一食，相當簡單。珍奇和昂貴的食物我們也是吃過不少，唯有一些普通平常的媽媽的味道，最能讓人感到幸福與滿足。

感謝知名設計大師楊世傑教授欽點坐檯，今天很興奮的與兩年未見的老友相約敘舊，順道至條通感受白天與夜晚的差別。「條通」是在台北火車站附近，以林森北路為主軸，左右兩側的九條巷弄，範圍大約是從現在的市民大道至南京東路一帶，分別以一條通到九條通來命名。

早期這裡是以日式高級住宅為主，日本人從台灣撤退後，日商來台洽公仍舊喜歡這裡保有日式風情的文化，因為有一種熟悉的親切感，於是條通逐漸轉變為酒店、日式料理店、各式餐廳林立的不夜城。晚上的媽媽桑賣曖昧，白天的媽媽桑賣的是親切，因為華劇《華燈初上》點亮了條通社區文化，讓很多隱藏版的美味關係像千年古墓暗室一燈即破，重新被世人關注，讓更多人知道它們的精采絕妙。

這家經營近四十年的「象牙紅咖啡」，四十年不變的平價家常簡餐店，讓小姐姐一路吃到變阿嬤。低調、大有來頭，這種人設的專賣店是不是很有江湖味？跟一般網紅店提供油炸薯條組合式的定食或烤箱回熱的肉桂捲不一樣的地方，就是高貴不貴，沒有華而不實的感覺。

用寶島近海新鮮的魚，以「慢食尚」的乾煎恰恰或事前醬燒的方式，讓食物經過足夠的時間熟成分解，相當復古味的定食套餐征服了很多大老闆的口味，這種回家才能吃到媽媽的味道，每一口食物都回到最純樸的台味。

雖然沒有日料精緻，但誠意十足，看似家常卻不尋常，加上環境服務的親切，到了飯點也是一位難求。它們的出現跟四十多年前的民歌西餐廳崛起、股市狂漲、泡號子館同屬一個年代，賣的不只是咖啡，還有一手媽媽味道的簡餐，讓當年許多年輕小姐一吃就成忠實顧客，即使現在都變成阿嬤了還是一樣準時來光顧。

感謝「象牙紅咖啡」的媽媽桑特別沙必思，把定食中我覺得很容易被忽略的附湯，幫我加碼加熱換成大碗的豬血湯，因為新鮮，所以口感Q滑，像布丁一樣，不用一大堆酸菜去壓抑腥味，足夠的柴魚湯頭加上沙茶醬，撒上新鮮的韭菜末飛紅點翠，煙火氣十足，喝了三碗不輸給昌吉街的豬血湯早就回本。

在台北的巷弄裡還有像我在福岡看到的，很多白領的上班族都要跑到這種有過歷練、中年婦女開的媽媽檔咖啡店，喝一杯媽媽用手打的鮮奶泡的咖啡，無形之中的加油給力，跟提供精神鼓勵是一樣的意思。

誰說現在只剩網紅經濟？這些老店是如何不靠電視台報導或買媒體，默默地經營近四十年還可以屹立不搖？如果餐飲服務產業的內外場都能準確知道消費者的需求，服務態度掌握好進退有度的藝術，適情適性適時發揮而得到成就感，就不會一直出現人員流動快速，造成人力資源浪費的問題。

這些都是跟職場教育與心裡建設有直接相關，有機會我會邀請這位親切的媽媽桑李大姐到「明新科技大學」旅廚系及休閒產業系，為我們下一代的服務產業學子提供零失敗的創業經驗分享。

找到真正懂吃的人

真心感謝周含鍾周總有揪，讓我在「九條楊海鮮餐廳」就可以輕鬆享受「崁仔頂魚市場」新鮮現流的質感魚貨。美味不怕巷子深，位在九條通的九條楊海鮮餐廳是一家料理樸實卻豪邁霸氣的台式海產店，專賣低調的客人，可以說是給真正懂吃本港海鮮的老行家及大老闆的私廚，也是條通酒店小姐姐們最喜歡建議日本客吃夜宵的口袋名單。

老闆楊進益看起來像見過場面的大哥大，老當益壯，完全看不出來七十五歲還生龍活虎，操辦料理內外場滿場飛，開心時找客人喝一點威士卡，熱情又阿沙力。楊桑歷鍊豐富，有私家漁船賣過魚貨，保證所有的魚貨都未經防腐處理，產地直接成為餐桌；他始終堅持不外送，就是希望客人可以吃到食物的第一口鮮甜。

楊桑除了能詳細解構基隆「崁仔頂」魚市的眉角外，對於基隆因港而生的歷史風華、魚市場的文化傳承、專業魚類知識可說是如數家珍；要比規模、漁獲交易品質與魚市場文化，崁仔頂還真是北台灣第一。楊桑也成為很多大企業家科譜台灣魚類圖鑑的百科全書，專業的職人精神在條通的地位跟日本小野二郎一樣備受敬重。

九條楊為客人準備很多厲害的食材，但是門面真的很低調，三十多年沒什麼裝潢，用餐時間幾乎滿座，隱身在巷弄的被動式行銷還有四點五顆星的好評，來的客人都是專注在餐桌上的學問。不輸給日本築地魚市場的經典生魚片拼盤十分有誠意，紅魽、旗魚、澳洲鮭魚，加上龜山島的大頭蝦配合手磨的山芥末，油脂豐厚、入口滑順香甜的氣味從鼻孔冒出。

因為老主顧周總到來適逢寒流籠罩，特別安排十全大補日本山藥霸王火鍋，所有的藥材都是楊桑以多年經驗調配，幫助滋養卻不燥熱，沒有太重的藥材味道，清爽滋潤的湯頭非常清甜，越煮越好喝，充滿膠原蛋白。重點是長在淺水池塘裡的甲魚居然一點土腥味都沒有，過去不喜歡這種食材的我都吃了好幾塊。

來到條通這裡的放鬆文化，朋友都有備而來不會開車，因為多少都會喝上一杯，楊桑的下酒菜也很厲害，善用新鮮魚內臟作不同的創意料理，烏魚腱經改刀後以大火快炒蔥薑蒜再淋上米酒，爽脆口感很特別。三斤重的馬頭魚很少見，只要乾煎灑上胡椒鹽，肉質鮮美，好吃不過家常菜，重點是大魚很考驗主廚的手藝。

從東北角上岸的青河豚，小心避掉會讓嘴巴發麻的有毒的部位，跟新鮮鵝肝大小差不多的河豚肝用油炸方式熟成，外酥裡嫩入口還保有溏心一樣的口感，像巧克力一樣濃得化不開，這個時候來一口烈酒最適合。把膏肥肉厚的處女蟳做成跟新加坡的潮州凍蟹一樣好吃，蟹腳可以完整的卸載，連怕麻煩不太會吃蟹的人都會被感動。

老闆推薦特製薯條，利用生魚片等級的軟絲炸花枝條，裹上特調地瓜炸粉，外表酥而不焦，花枝肉質Q彈，鮮甜有咬勁！壓軸的櫻花蝦炒飯莫名好吃，每個來過的人都很期待，用泰國香米炒飯，粒粒分明，沒有裹蛋汁搶戲，完全就是單純海味炒飯，炒得又油又香，米粒口感極佳，一下子就秒殺光盤。

廚師做菜就像做人，只要做每一件事都付出多一點點的心思，一些些努力，那就事半功倍了。人生沒有彩排，每天都像直播，用心做好每一道菜，就是對自己的一種肯定。

「九條楊海鮮餐廳」是一個在地、新鮮的海產餐廳，CP值高，人均一千五百元，物有所值，還可以吃到很特別、有靈魂的在地食材。常保年輕需要不斷的學習，要拜託我的朋友們多瞭解海鮮知識，別再花枝、軟絲、透抽、小卷，或是土魠魚、油魚、鱈魚傻傻分不清楚啦！可以請魚類百科老闆楊桑幫忙科普一下，相信您在瞭解之後，一定會更加愛惜我們居住的這一塊土地。

跟著老兵一起留下來的台灣情懷

燒餅油條豆漿店美食地圖

在上海生活長期觀察才知道，和上海人日常分不開的四大金剛到了台灣已然遍地開花，在台灣大街小巷隨處可見的永和豆漿店，背後竟然隱藏了老兵思鄉心切的故事。但在七十年前，任誰一定也沒想到，日後影響台灣喝豆漿吃燒餅的習慣，甚至是影響全球華人的豆漿市場竟源自於兩個老兵。

一九四九年前後，一百多萬外省族群移居台灣，他們把喝豆漿、吃燒餅油條的早餐習慣帶到了台灣。豆漿成為名產始於永和，前面冠以永和地名，原意只是過橋到永和喝豆漿，不料竟然從此成為台灣豆漿的符碼。一九五五年，兩個北方來的老兵李雲增、王俊傑在永和中正橋頭搭起小棚營生，磨豆漿、烙燒餅、炸油條，立號「東海豆漿店」，漸漸聚集了許多早餐攤鋪，形成出名的早餐市集。

玉液瓊漿，甘如蜜酪

後來東海豆漿店易名為今日所見到的「世界豆漿大王」，創業將近七十年的老店，連蔣夫人都賜名「玉液瓊漿，甘如蜜酪」的美名，二十四小時不打烊，無論何時來都可以享用香氣騰騰的美食。這裡的豆漿跟其他店家很不相同，帶有一種煙燻的味道，就好似鄉下外婆用古早灶房所煮出來的香醇味道，這滋味真的很甘醇，有一股自然的清甜。

燒餅真的蠻道地的，烤製適中帶著麵糰香，同時又保有餅皮的嚼勁與Q度，油條油香感夠，咬下去滿嘴的香氣，香酥但又具有柔軟的口感，若是用油條沾豆漿的內行吃法，會更加好吃。撒滿芝麻的燒餅夾上酥脆的油條同樣令人感到無比滿足。世界豆漿燒餅除了夾油條、夾蛋外，還可以夾牛肉或是夾油條酸菜，年輕人很愛這種台式漢堡的多樣性，不過我個人還是喜歡單純的吃法，燒餅搭油條百吃不膩，大道至簡，越簡單越有味道。

鹹豆漿有蝦米、油條、蔥花、菜脯，裡面蝦米及油條的份量蠻多的，鹹度適中不會膩口，加一點辣油層次會更加鮮明，少許的醋也能讓豆漿提味不少。可惜的是以往師傅在小巷旁炸油條、烤燒餅的景象已不復見，老店也隨著時代的轉變而商業化、觀光化了。

尤其是在寒冷冬天，來上一碗熱豆漿和一套剛出爐、熱呼呼的燒餅油條，沒有什麼比這更溫暖的了！如今很多豆漿燒餅店都已消逝，想起小時候那些老店端豆漿送燒餅的山東老鄉，口中喊著：「放糖的」、「放醬油的」、「放辣油的」，聲音高亢，抑揚頓挫有致，令人非常懷念。

不過現在燒餅攤、老派豆漿店明顯少了很多，因為這真的是個辛苦的行業，要黎明即起，在炭爐中現烤現做，士林「老張炭烤燒餅」的老闆就每天四點起床磨豆備料，十年如一日。老麵燒餅是用傳統的炭烤爐烤出來的，所有餅類都是手工現做，一家店兩個店名，早上叫「基河豆漿店」，下午叫「老張炭烤燒餅」，早上賣豆漿燒餅油條，下午則賣胡椒餅、老麵燒餅、小酥餅、糖膏酥餅、紅豆燒餅、芝麻燒餅……

高溫炭烤的老張燒餅，無論在食材用料及麵糰發酵方式上皆十分講究，長時間發酵的麵糰產生令人驚豔的結構與迷人香氣，熱呼呼的咬一口就會愛上它。最常需要等待出爐時間的，除了老麵燒餅還有小酥餅，小酥餅一口咬下，芝蔴裂脆，香氣滿溢，蔥花清香和層層麵酥，香香脆脆外酥內嫩，加上金黃圓潤的造型，非常迷人！

簡單樸實的古早味

復興南路上「永和豆漿大王」則是老台北人的傳統記憶，它的燒餅真的很厲害，會讓人一口接一口停不下來，外層烤得輕薄酥脆，內層卻能維持Q軟，由此可見老闆掌控溫度的功力了得，已達爐火純青之境，熱呼呼、剛出爐的燒餅夾油條，搭濃郁順口的豆漿，每一口都是滿滿的感動。

甜飯糰裡頭是油條、花生粉、白糖的簡單組合，使用新鮮油條而非一般常見的老油條是其特色之處，粒粒分明的長糯米香Q彈牙，帶顆粒的花生粉及糖粉增添了口感，簡單搭配就成了樸實的古早味。

另一家台北最美味的炭火燒餅之一「和記豆漿店」，位在捷運麟光站出口旁，一間連招牌都省了的古早味豆漿店已飄香四十多年，至今仍然保持著傳統的風貌，來到這裡好像進到時光隧道一樣，有一種莫名的激動。已經滿頭白髮的老闆仍然堅持以手工製作各式燒餅、酥餅，使用傳統的炭烤爐來製作燒餅。

這種以貼爐方式做出來的燒餅有種迷人的炭燒香味與口感，從揉麵到灑入大把的蔥鹽、切割到放入真正木炭的炭火烤燒餅，那股自然的碳香煞是迷人。厚實的燒餅剛出爐的美味驚為天人，酥香中帶有老麵的甜味、鹹香的蔥花在咀嚼中，蔥油的迷人香氣在口中自然擴散……這也是我一定會專程去吃的老店。

「阜杭豆漿」連續兩年獲得台北米其林必比登推薦，排隊人潮越來越多，也是海外觀光客來台北的必吃名店，五十年以上的「阜杭豆漿」豆漿醇厚、細緻滑順，燒餅是用傳統的貼爐烤法，手工厚燒餅頗有特色，比一般燒餅厚，因為是手工製做的關係，外表不太規則，但吃起來外皮酥香並帶著碳烤香氣，麵餅紮實富韌性，口感極佳！不過因為觀光客太多，經常要大排長龍，不是我的日常……

這家創始於一九三二年新莊的「熊記燒餅油條專賣店」，是一家已超過八十年的老店，應該也是很多新莊人的回憶吧！樸實的燒餅、外酥內軟的麻花捲、外皮酥脆的油條、軟而不爛的花生湯，還有當地人都習慣拿根油條來沾花生湯來吃，這也是在別處看不到的獨特風景。

「金華碳烤燒餅」（原金華街燒餅店）的菱形燒餅也同樣是用炭爐烤的，入鍋烤之前老闆還會特別刷上麥芽糖汁，烤出來的餅鹹中帶甜，老麵又很有咬勁，下層還帶點炭烤的焦香味，一口咬下，十分酥脆！上層酥脆滿分，下層有麵皮甜味，吃到時還保有溫熱感，所以咬起來帶有麵包的紮實感又不失澎軟，賣得最好的鹹餅，如果想

世界豆漿大
外帶區
豆漿大王

吃，還要起個大早來搶呢！鹹餅一口咬下，外層也是酥脆無比啊！而上面撒的白芝麻爆多，好香、好好吃，老麵糰香氣好重，麵粉香味好濃厚，內餡充滿濃厚的蔥香！

南機場夜市必吃名單之一的「無名推車燒餅」今年又進入必比登小吃名單，小攤車由一對老夫妻經營，老夫妻的父親負責桿麵糰製餅，一人烤燒餅，一人打包收錢，攤子賣的東西很簡單，就四款燒餅：長燒餅、鹹酥餅、紅豆餅、甜酥餅。它的長燒餅個頭不大，烘烤功夫卻很講究，要經過兩次烘烤，一次乾烙，一次送進爐烤，烤出的麵糰香氣聲名遠播，它的外皮酥脆，內裡有咬勁，但更能咀嚼出麵粉的甜甜香味！一個燒餅十二塊錢，號稱最便宜的米其林必比登美食。

那些藏在角落的記憶

最好的油條在金門「和記油條店」，油條外酥內軟、紮實，乃是用老麵發酵製作的；油條感動人心，論色澤，論風韻，論衛生，放眼全台竟無出其右。店家每天一大清早換上新油，因此油鍋裡的炸油是清澈的，店家已將前日舊油整鍋倒掉，誠懇治事的好店，值得大家讚賞！

新店的「長江點心」也是一家厲害的早餐店，五十多年來堅持從清晨五點營業到下午兩點，堅持老麵發酵手工現做，從燒餅油條、豆漿，到充滿小時候的味道——手工豆腐皮塞肉的油豆腐細粉，再到豆沙酥餅、蘿蔔絲酥餅、燒賣、小籠包、壽桃、八寶飯，店家賣的點心種類可說是琳瑯滿目，應有盡有。

新店中央新村靠近小碧潭站的小店「老中央燒餅坊」，歷經三代的傳統味燒餅老味道，店內提供現做的四種口味，芝麻糖、蔥肉餡餅、紅豆酥餅、芝麻醬燒餅，老派早餐店價錢很溫暖，讓人吃到的每一口都很幸福，一口咬下，掉了一桌的芝蔴，突然想起小時候課堂上帶著濃厚鄉音的老師總說的那句：「吃燒餅沒有不掉芝麻的！」小小的店帶來滿滿的幸福，而我童年的滋味也一點一滴回來了。

台北有太多美好的人和事，大多藏在不起眼的角落，我們的味蕾裡也住著記憶，回味時總能想起一幕幕溫馨的曾經，很多人離開台灣，但是最思念的還是街角常去的那家燒餅油條豆漿店！

眾望所歸
XXXX
XX 一斤300元
佛跳牆300

平凡中的不平凡智慧

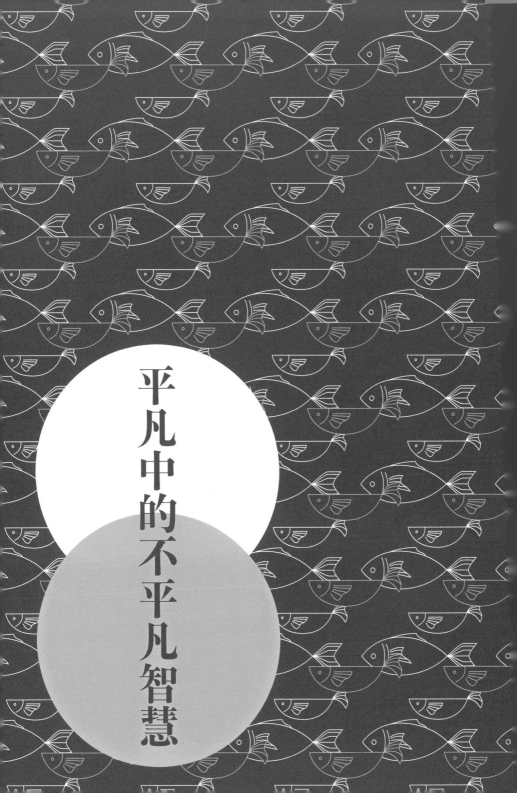

用勇氣譜寫的水手之歌

深澳沙魚烟大王

在瑞芳深澳有一位沙魚烟大王吳明洋，身為海洋之子的他，從小與海搏鬥深諳水性，是一位非常聰明的商人。他將非保育類的鯊魚以手工方式煙燻成不同風味的美食，不論是鯊魚肉、鯊魚皮、鯊魚卵或鯊魚皮凍等各式美食，在經過紅糖燻製或特別處理之後，吃起來都格外Q彈軟嫩，還帶有一絲濃淡適中、甘甜香醇的煙燻香氣。雖然口感各異，不過共通點是吃在嘴裡彷彿還能感受到那股新鮮、躍動的生命力。

吳明洋六歲時被診斷出有弱視，由於家境清寒無法獲得良好的治療，導致終身視力殘缺。他從小出生在九份，因為父親早逝必須提早出社會工作，以便協助母親維持家計。外號「鯊魚」，的吳明洋先天患有夜盲症，視力不好的他並沒有因此而自怨自艾，反倒跌破眾人眼鏡，考上了遠洋漁船，還跟船上的大廚學習處理鯊魚肉的技術。

英雄惜英雄

長年在海上工作，終日過著與海相伴的生活，但即使是再遼闊無邊、美麗深邃的海洋，也擋不住黃昏故鄉的呼喚，後來，他便離開跑船工作回到瑞芳，在濱海公路旁擺了一個小吃攤，賣起了鯊魚烟。雙眼視力微弱，他便用雙手代替眼睛去觀察和感受，吳明洋不畏艱辛困苦，一遍遍測試鍋中熱水的滾燙程度將鯊魚肉燙熟去腥，並製作出令人垂涎三尺的美味佳餚。因為他的獨門手藝將原本乏人問津的鯊魚肉等食材翻轉成為大受歡迎的庶民小吃，從此讓鯊魚烟一舉成名，在濱海公路上持續飄香三十年，吳明洋成為正港的「沙魚烟大王」，也讓他成為北台灣最大的批發商。

一個從小患有夜盲症，視力微弱的水手，在行動較為不方便的情況下，仍然不放棄學習的態度最讓我深感敬佩，在他還沒有自行創業成功成為大老闆前，他從事的都是必須要適應艱難環境，挑戰體力的工作。至於他如何從汪洋大海中華麗轉身，成為台灣第一的沙魚烟大王，我只能直白地、總結出一句話：「哥賣的不是美味，是必須要活下去的生命滋味。」無論走到哪裡，我都會把你努力不懈的故事告訴那些終日懶惰和只會找理由和藉口的人，歸去來兮（不努力就去死）！

年紀越大才能體會到，人在一生中真正能留下來的緣份沒有多少，吳明洋大哥除了是我的好友，也是我在人生道路上難得一見的英雄。他從小跟著遠洋漁船到世界各地遊歷，這也養成了他的國際觀，海上漂流的歲月讓他習慣了與寂寞做朋友，也造就他開朗樂觀的個性，並把自己塑造成一個發光體，他同時帶有草莽與感性的個性也正是我最欣賞他的地方。

打虎捉賊親兄弟

我們是二十年前在《阿鴻上菜》中結緣，因為個性合拍而有了默契，歷經多年的交情就像當兵同袍的革命情感一樣。大家都曉得，從事飲食事業首重真實與良心，如果他愛走捷徑，老天爺怎麼可能讓他榮登第一寶座？每每聽到他對朋友說是我的幫忙，如今才能打造第一品牌的「沙魚烟大王」，但是當年如果不是他的作品實力和認真態度打動觀眾，才會有如此好收視，其實他才是幫我加分的功臣。所以究竟是誰在幫誰，點點滴滴我都了然於心，看得懂的人自然能明白，我將這一切歸功於老天爺安排的緣份，讓我們珍惜彼此，才能成為打虎捉賊的情義兄弟。

雖然他草根性強的個性很明顯，但我們哥倆的相處卻常常給人一種不解與違合

衆望所歸
一斤300元
一斤450元
一斤300元
XX 一斤300元
佛跳牆300

感。我交朋友的原則除了要有爽氣的生命特質外，也要有些上帝賜予的天賦，就像他雖然從小患有夜盲症，視力有嚴重缺陷，卻能加倍用心克服每一個關卡，打開生命的鎖鏈，總是以樂觀積極的態度去迎接挑戰，從不以為苦。

時間過得真快，轉眼間我們已有年歲，在他的身上我總是能夠感受到渾身充滿活力，比一般商人更為可愛之處。成功的背後總是要學會比別人更多吞忍，即使不景氣也要自己爭氣，值得我借鏡學習，因此我們才能成為莫逆。人生太多過往雲煙，請大家為我們的這麼難得緣份按一個讚吧！

社區媽媽的魔法料理

快樂小吃

每逢開學後，心情不知不覺就跟學校裡充滿活力的大學生一樣變年輕了。明新科技大學的學生很幸福，雖然校內食堂有中西式美食外，但也有很多人跟我一樣，喜歡在學校附近找到合適自己品味的愛店。

「快樂小吃」位在明新科技大學保齡球場後門，如今用餐時間已經一位難求，仍然有很多老師和同學們都很享受妙妙阿姨這種客製化的媽媽味道，這也是社區文化發展最能聚焦和吸引人的力量。現代人越來越重視養生及食農教育，不但食物好吃，食材的來源及食養的觀念也都特別重視。

在春寒料峭、冷風颼颼的天氣最適合吃日式咖哩飯、冬蟲夏草酵素雞煲湯、春季大頭菜、雙醬紅油抄手，這些都是「快樂小吃」妙妙阿姨的拿手廚藝。虱目魚皮麻油麵線可以禦寒還有滿滿的能量，這是寶島經典的人文與智慧，只有社區媽媽可以配合不同節氣，一通百通、隨機應變的聰明料理，難怪我對「快樂小吃店」的主理人妙妙阿姨的廚藝功底崇拜不已。

在地人的生命滋味

每到一個地方我很喜歡穿街走巷，走進傳統市場淘寶，相較於這些網紅餐廳或美食街來說，這些菜市場的周邊小吃賣的不只是生意，還是很重要的社區文化，更是在地人的生命滋味。

今天妙妙阿姨為了幫我補充膠原蛋白，特別把百年難得一見的大型野生鱸魚佐薑絲洋蔥煮出又鮮又甜的魚湯，口感十足，魚腹飽含油酯連皮帶肉非一般的嚼勁。阿姨說野生魚因為沒有生長激素成長率較慢，所以魚鱗片跟人的指甲一樣厚，表皮相對強韌，直接影響口感，所以才一物難求。不僅如此，妙妙阿姨還能變化出「野生鱸魚泡菜冬粉湯」，這種媽媽的味道是我在台北花再多錢也吃不到的能量來源。

古時候常聽長輩說，只有產婦或動大手術的人才可以吃到這種好東西，越嚼越帶勁，捨不得馬上吞下肚子裡，簡直就像小虎美食團團長形容的一樣好吃到亂七八糟，越簡單越有味道，有品味不用高消費。很多人都喜歡到每個地方尋找這種沒有華麗顯眼的店面，需要在地人帶路的店家，其在地方上有口皆碑，能被信任的感覺才是最重要的價值，同時能滿足充實每一個渴望被呵護的靈魂。

從竹北豪宅市場向外溢化，四周圍還有施工工程與不停在建設的社區大樓，一直不斷衝擊我對這裡的舊時印象，商業化改變了我求學時代對新豐鄉松柏茂林孤傲倔強的風骨氣息。一幢幢紅磚砌成的老平房架構撐不住時間的頹圮消蝕，一間間超商取代了賣五加皮酒的雜貨店，現在的物價跟台北幾乎沒什麼差別，移動的魔獸漸漸逼近整個村莊，純樸在地生活的印象也漸漸消失殆盡，矮牆籬笆的地瓜葉跟紅鳳菜的共生關係代表上一代自給自足、不假外求的生活況味，趁著這個機會補捉記錄下來，說不定以後可能都會不見了。歲月總是那麼無聲無息的帶走一切，只有緣份和有溫度的食物的記憶，可以像晶片一樣深植人心，一直被珍惜懷念並且延續下去。

重新回到校園生活，除了新學期再認識新的學弟學妹，還有一個很重要的生活態度就是跟著社區媽媽一起學習新菜色，感受久違的家滋味。感謝「明新科大」附設校外保姆餐廳「快樂小吃店」的妙妙阿姨，常有創意靈感把私廚的概念用速食的形式表現出小店也可以讓人驚豔的用心，連兩位從蒙古遠道而來的學生，也都把這裡當成第二個家，經常造訪而且還能在異鄉找到了慰藉。

現在的社區文化缺少的就是這種有實驗精神的媽媽味道，不同的節氣用食養代替藥物治療，廚房取代藥房，果真是吃比瘦有福。用天然的食材代替網路上琳瑯滿目的健康食品，可以講究，何必將就，這就是慢生活態度最迷人之處。除了自助餐及便當簡餐店，像「快樂小吃店」社區媽媽的養生廚房應該是未來餐廳發展最受歡迎的類型，您覺得呢？

東成西就的包子女王

御膳品水煎包、紅林包子

林美遙小姐是光華商場人氣小店「御膳品水煎包」的老闆娘，一個人以一擋百，遊刃有餘，是我佩服的女力代表之一。從小尚在念書階段，她們家六個姊妹們就輪流早晚班幫父母親在光華商場橋下路旁擺攤分擔家計，以不同的動線跑警察，所以練就一身手腳利索。一九八〇至一九九〇年代是台灣景氣不錯的時期，兩岸三地互動頻繁，只要肯努力能守成，終有餘裕。

三十年前我剛從報社跨界TVBS有線電視台，與張正藍合作主持晚上八點的現場直播節目《飲食男女》。從那個時候開始，我就跟台北工專的學生一樣，站在路邊開吃她做的紅糟肉潤餅捲當作晚餐，因為生意太好，經常親眼目睹她包潤餅的神乎其技，可以一口氣同時製作二十套，簡直運斤成風，讓人看得啞口無言，難怪大家總說高手在民間，都市傳說還是有幾分真實性。還有她們攤位上的當歸鴨麵線跟蚵仔麵線便宜又大碗，很敢給料，吃完了像補充足夠的彈藥一樣，吃了再上比蠻牛還有效果，收視率自然好，於是跟她們家的緣份從偶然成為必然，延續至今。

真的很開心能再次見到美遙姐重拾很多青春的回憶，雖然她年紀比較小，但是她的幹練跟手藝真的很厲害，稱姐是對專業人士的尊敬，敬她無論做什麼都能做到最好，無懼於「木秀於林，風必摧之」的勇氣。如今再看到她依然在超級戰區屹立不搖，「御膳品水煎包」經營了十六年不但有聲有色，附近沒有人敢做同質性的產品，跟她成了競爭對手除了望其項背，還等於白白送死。

從台北工專改制為台科大，她陪伴無數高科技人才一起成長，度過青蔥歲月，從二手書店色情光碟到古董字畫的最大集散地，隨著高架橋拆遷，只剩下可以追憶的老友記味道，都成了如人生「一切有為法，如夢幻泡影」一般隨風而去了。

除了要讚揚她加入老麵的水煎包便宜又好吃外，特別為年輕人製作的起司玉米火腿口味超夯，還有我最喜愛的鮮肉及高麗菜口味都是經典，當然也是第一次嚐到芋泥跟豆沙的甜味水煎包。外皮要煎到「恰恰」但不能過焦，整體外酥內嫩的水煎包想要做到SOP量化生產其實是有難度的，從準備到開鍋的十分鐘，即使錯過了還是會耐心等待煙氣蒸騰、開蓋灑上芝麻，那個令人興奮無比的瞬間，所以光華商圈附近的內行人都知道這裡的一姐非美遙莫屬。

我常說做菜絕對是一門高級的科學，在NFT元宇宙來臨的時代，很適合來一份美遙姐的男友研發的「雞動哥」起司炸雞排，來自香港的李大歌對洋食品味很有概念，經過舒肥後的雞胸肉一口咬下去變得很有彈性，口感超好、拔絲超長，重點是沒有梅子粉也無需椒鹽增加腎功能負擔，把起司跟孜然粉組合，味道吃起來竟是如此絕妙合拍，比義大利綜合香料更有特色，一定要親自嚐過才能體會。以上的美味料理都有賞味期限，入手後請放下偶包，馬上就口邊走邊吃，享受當下的幸福。如果能入團成為頑童的一員，誰不想當瘦子？其實有偶包的人最辛苦！

包子界的女詩人

大家應該從來沒看過一間包子店也可以搞得這麼文藝，吃包子也可以吃得很文青，紅林包子鋪的掌櫃王紅林是一位具有傳奇色彩的奇女子，她不僅寫詩，並且把詩放進包子裡，讓一顆顆用老麵做的包子瞬時有了靈魂，飄香四季；她同時也把包子寫進詩裡，讓詩沾染了人間的煙火氣息。

她是包子界的女詩人，右手提筆寫詩，左手拿擀麵棍做包子，說她是被包子耽誤的詩人也不為過，她以鄉愁發酵，讓包子蘊含著滿滿的詩意，吃在嘴裡更加耐人尋味。已經出版好幾本詩集的王紅林女士，是個道地的湖北人，她的一生也充滿各種戲劇性的轉折，高潮迭起，她的故事如果拍成連續劇，勵志程度應該也不亞於《阿信》。

王紅林兩歲時被父母送養，卻很幸運地被膝下無子的養父母收養，並且一路栽培到讀完師範學院，直到她十八歲那一年，養父母才生下了妹妹。原本她在廣東一所中學教國文，但因為養母得了重病，為了要負擔龐大醫藥費以及妹妹的學費，她毅然決然放棄教職，轉職到海南島一家茶廠工作。

因緣際會下認識了來自台灣的另一半，婚後隨先生回台定居將近二十年。來台灣之後，她陸續做過許多不同的銷售工作，天助自助者，自助人恆助之，由於她的勤奮認真，十多年前得到貴人相助，在新店弄了一個小攤子賣起了老麵包子。都說越努力越幸運，王紅林要求自己做什麼要像什麼，小小的攤子也越做越有成績，於是在耕莘醫院附近開了一家「紅林包子鋪」的店面，這也是許多新店在地人的推薦美食。

紅林包子用「廚房取代藥房」的養生廚房概念，像修行一樣每天本份認真地做好每一個作品，讓人格外感到「安心食誠」。老麵做出來的包子，在台北連周杰倫的媽媽都稱讚，猶如庶民版的康樂意的老麵包子，吃肉不見肉也可以讓人滿心歡喜。王紅林每天清晨三點鐘就起床工作，發麵、揉麵、做豆漿，手工製作的老麵包子每天限量供應，賣完了就提早打烊收店，不會有隔夜的冷凍包子，展現的就是一個「鮮」字，有青才敢大聲的氣魄。

素高麗菜包和素雪菜包是我的心頭好，素辣豆乾包則是市面上較少見到的，也是我每回去紅林包子鋪必定帶幾個回家慢慢細品的，其他還有採用溫體黑毛豬肉製成的鮮肉包和紅豆包，以及黑糖饅頭可以任君選擇，請您有機會一定要親自品嚐看看。

後來王紅林意外被診斷出有腫瘤，因為忙於生意而疏於就診，一度導致病情加劇，被診斷為肺腺癌而住院治療，只好將經營多年的包子店頂讓。幸得蒼天眷顧，經過幾年治療，現在她已經完全康復，在這過程中，紅林也更加了解生命的可貴，必須要好好照顧自己、珍惜自己，走出罹癌陰霾後，依然要笑著擁抱生命中的美好。

天行健君子以自強不息，這兩年王紅林在中和景德街市場附近重振旗鼓，沒有不景氣只有不爭氣，因為與眾不同的品質與服務，紅林包子鋪的品牌魅力在短短的時間內打進了社區民眾的生活中。距離捷運環狀線景平站只有兩分鐘路程，請附近喜歡吃老味道包子的舊雨新知、眾多好朋友們多多支持用心做好作品的紅林包子鋪。

情比姊妹深

新小微漁坊海鮮餐廳

北海岸是無數人的童年回憶，涵蓋了淡水、基隆、金山、萬里等地，沿著海岸線更有嚐不完的美食與嚐不完的藍天大海，也成多大多數台北人最愛的假日去處，只需約一小時車程就可以包山包海。阿鴻的記憶中除了野柳地質的女王頭，還有一位林添禎先生為救落海的大學生而殉身，立有銅像紀念，事跡感人讓我印象深刻。

北海岸景點的第一站——沙灘踏浪，外木山保證是評價最好的戶外出遊地點了，外木山沙灘可以漫步海岸線步道，還可以眺望一旁壯麗的山景跟遠方的基隆嶼，步道來回大約一小時，風景優美又有海風，尤其沙灘旁就是整排咖啡店跟海產店。

阿鴻要特別介紹這家「新小微漁坊海鮮餐廳」，不僅東西好吃，還有一段類似像好萊塢電影《情比姊妹深》的電影主題曲〈翅膀下的風〉一樣感人的故事。「新小微漁坊餐廳」是由黃小莉、潘美玲、金小微三位來自溫州同鄉的女CEO合力經營管理的小吃餐廳，連在地鄉民都豎起大拇指稱讚的小吃店餐廳，公道實在，豐儉由人，保證不用擔心會碰到黑店。

三位了不起的女力代表在二十多年前，不約而同為愛而緣聚台灣小漁村，青蔥歲月一眨眼就到中年，但是一點也不後悔來到寶島發展，兼顧事業與家庭實屬不易，必須付出更多代價與包容性。水不試不知深淺，人不交不知好壞，我們遇到的人良莠不齊。人生短暫，要將有限的精力留給值得的人，對於有的人，看清之後，要趁早放手，別再聯繫。

認命但不宿命，努力向前進，這是我對小莉姐的第一眼印象，她熱情的正能量加上膚質白皙透亮，很會帶動氣氛，讓我聯想到跟我同一時期，把美食節目做出個人品牌的「菲姐」一樣有個人魅力，足以用「人見人愛，花見花開」來形容。她說自己出身動盪時代，除了工作想不出更能活出自己的方法，憑藉著溫州人一身是膽的傻勁，無論就業、創業都是拼命的工作。沒有人能夠替你決定你的人生，但堅持自己的選擇，卻需要更多的勇氣。

她們身段柔軟、願意傾聽、努力打拼，用實力提升服務品質，效率快速，用一步抵三步的節奏來帶動台灣在地海鮮經濟，做出了越在地越國際的特色，把從小在東海舟山群島一帶培養出對海鮮的察覺與熟悉，結合家鄉口味也融合台灣風味廚房裡的主廚，用八仙過海、各顯神通的客製化廚藝，滿足消費者成為老客人。

舟山美食有兩大門派：海鮮自不必說舟山漁場，那可不是吹出來的，還有海天佛國普陀山裡的素齋了。舟山的海鮮價格其實和上海、寧波差不多，但勝在「新鮮」，當地人比較少到外面吃海鮮，大多都是從市場買回家自己做，烹飪方式以蒸、醬漬、鹽漬、風乾或生吃為主。

時間，驗證了人心

這三朵姐妹花其中的一位股東潘美玲女士最不計較付出，個性非常阿莎力，比男人更爽氣，她的服務超熱情也很接地氣，她才是業務型的黑馬，常常不准客人點太多以免浪費，因為會換位思考，厚道的特質讓很多大老闆都指定美玲姐來幫忙配菜。大家一起合作，有各自擅長的優點，也互相彼此包容，相處得非常愉快，小莉特別感謝兩位待店裡的時間比較多，讓自己有更多時間在家照顧小孩。

她們三位傑出的女力帶領著一群女將，穿梭席間熱情招呼，而且不斷換新盤的服務很貼心、很主動，這點特質很重要，讓吃海鮮更乾淨衛生，增添視覺享受，無須出國旅遊，氛圍不輸給西班牙佛朗明哥舞蹈，台灣擁有太多族群文化與包容性，真的是偽出國與出國沒有什麼差別。來到龜吼看海，一定要選「新小微漁坊海鮮餐廳」的另一個重要原因在於他們有自家漁船，黃小莉姐夫林銘鋒船長每天貪黑起早追逐活海鮮，因此比起一般餐廳價格更公道，平均每人大約六百元左右，而且他們還有自己的停車場，也是加分選項。

現在要吃到野生黃魚比登天還難，而且越來越小，還來不及長大就受到生態影響。感謝小莉姐以待客最高規格，獻上一大盤的乾煎野生黃魚鮮美無比，上海人形容這叫石頭魚，是不是野生黃魚，從頭部取下一顆小石頭來辨識，一目瞭然。好吃的黃魚煨麵那種極鮮滋味，跟早期台灣人認真煮的什錦麵一樣，既家常亦是經典，成為江浙一帶的生活美學。

現在正是軟足類的盛產交配期，把軟絲做成生魚片，也可以改刀做成鹹蛋黃金沙口味，還有不必飛到澎湖就能吃到的小卷芋頭米粉湯。現在年輕人都喜歡吃泰式酸甜口味，除了可以請廚師用本港的海鮮軟絲龍蝦做冬蔭功湯或加洋蔥、青芒果做涼拌，也可以加蝦醬快炒做打拋海鮮，還有烤原味小卷，都是一時之選，從原味到多元的異國風味都可以客製化，甚至可以利用冷鏈宅配。

海鮮只要新鮮就能經得起考驗，順應季節才夠肥美，「新小微漁坊餐廳」也是品嚐萬里蟹第一首選，為了吃原味的花蟹、三點、梭子蟹綜合各種甲殼蟹統稱的「萬里蟹季」，常常客滿一位難求，最好打電話事前預訂以免白跑。

我喜歡錯開假期，偷得一日半日閒，慢慢地啃食海鮮，解除壓力快樂似神仙。其中有一道以金山地瓜開發設計的素食點心「金桔地瓜芋頭球」，無論是擺盤或色系都十分討喜，料理可以做到吃肉不見肉，不吃肉也可以很享受，應該是廚藝的登峰造極，是《阿鴻上菜》力推的必吃料理。

感謝三位女主角讓我看懂什麼是「閨蜜」，就是把你看透了，還依然會喜歡你，是一段必須要經過時間考驗的關係，所以不要隨隨便便把「閨蜜」這兩個字掛在嘴上。短期交往看臉蛋，長期交往看脾氣，一生交往看人品，至死不分看真心。時間，驗證了人心，人生沒有過不去的問題，只有走不出的自己，小莉姐遇到的事情與人生的考驗絕對比一部電影還要精采，而她如何懂得珍惜與笑看人生，這樣的對比怎能不令人更加佩服呢？

鮮
新小微
漁坊

女王CEO餐桌

慧公館、欣葉餐廳、河邊集團

女力是時下非常流行的新名詞，代表著一股女性力量的崛起與覺醒，她們不僅僅具備了改變世界的力量，更擁有細膩的觀察力、堅忍不拔的忍耐力，以及具有同理心的人格特質和不畏困難與挑戰的勇氣，成為各行業中現在和未來潮流趨勢的領頭羊。兩岸餐飲界有幾位最具代表性的女性CEO，她們精采的創業故事發人深省，值得大家花點時間一起來了解一下。

記得二〇一〇年上海舉辦世界博覽會的同時，阿鴻有幸擔任小南國集團最高端品牌——慧公館的廚藝創意總監及品牌代言人。因為這樣的機緣，我才能夠理解集團負責人王慧敏女士，她也是一位從小便忍辱負重，格局開闊的不凡女性。從改革開放在街邊幾張餐桌開始用心經營，到連鎖餐廳，再到外灘一號的「慧公館」，建立高端訂製品牌、高大上的正面形象，把上海的本土品牌做大，也把滬菜文化打進了以粵菜為主的香港市場，甚至進一步發展到股票上市，在滬上餐飲市場堪稱佳話。

同樣的女力代表，在寶島台灣也有幾位代表性的女企業家要介紹給大家認識。「欣葉餐廳」曾是日本觀光客按圖索驥的著名台味代表之一，在董事長李秀英女士延續母親寶珠阿嬤的服務態度的帶領下，也有不少品牌，如：欣葉吃到飽、日料及中菜廣受年輕族群的喜愛與支持，把台味的精神與人情味傳承下去。

愛河邊上也有一股不容小覷的餐飲女力，南台灣知名的餐飲品牌「河邊集團」董事長張素鑾阿鑾姐，自幼隨父母在高雄愛河邊擺攤，因為笑容甜美、漾著梨窩，被大家暱稱為「米粉西施」。身為家中長女，阿鑾姐國小畢業就開小吃店幫忙負擔家計，從此也漸漸打下根基。只要隨口向高雄的五、六年級生問起河邊集團，幾乎無人不知、無人不曉，就連最了解在地美食的計程車司機都以「高雄人的味道叫河邊」來形容其獨一無二的地位。踏入餐飲業半個世紀，阿鑾姐從小吃攤起家，可以從五十元團膳做到五千元桌菜，透過多角化經營，事業版圖橫跨海鮮餐廳、蔬食館、咖啡廳、婚宴會館、企業團膳與外燴。

二〇二二年旗下的「香蕉碼頭」還入選高雄市政府觀光局主辦「飄香半世紀——

高雄市五十年大港老味」。香蕉碼頭除了香蕉故事館外，亦包含海景宴會館、伴手禮商品部、便宜坊烤鴨餐廳、高雄水產以及貓咖啡蔬食。其中，海景宴會館有無敵海景、視野遼闊、氣氛優雅的宴會廳。

女力崛起

靠著靈活的手腕，張素鑾曾包辦台灣大哥大、富邦集團與信義房屋等多家大企業的尾牙，連韓國總統朴槿惠都曾連續兩年請她們到首爾舉辦國宴，締造年辦三萬桌外燴的紀錄，前年更成功引進北京六百年歷史的便宜坊烤鴨，像電影「一代宗師」一樣北菜南遷，讓中餐完美演繹南北融合，集團年營業額更高達十億元。

阿鑾姐令人驚奇有著與實際年齡落差不小的凍齡外貌，臉書粉絲團與餐廳文宣看板，處處可見她與馬英九、吳敦義、蔡英文、陳菊等歷任政府官員合照，從不吝於展現藍綠通吃、雄厚政商實力。阿鑾姐十歲時，因手腳勤快，被總鋪師舅舅欽點為外燴「水腳」，負責洗菜、備料、切菜等工作，從清晨忙到深夜，但是她依舊滿心期待，因為有機會吃到菜頭、菜尾等好料，還可賺五十元貼補家用。疼愛外甥女的舅舅也會趁機傳授，無形中奠定阿鑾姐的廚藝基礎。

外燴班底講究團隊合作，一次端著大鍋魚翅羹的張素鑾，因地滑跌倒，滾燙羹湯淋在胸口、手臂，那時才出到第二道菜，不敢跟大人說，咬牙撐到收工才送醫，皮膚早已和衣服黏在一起。提起往事，愛美的她即使穿著七分袖，仍下意識拉長袖子遮醜。

疫情解封後，久違的尾牙活動越辦越多，動輒百桌起跳的尾牙外燴，張素鑾至今仍親自督軍鎮場，出菜動線都經過科技計算，有時大老闆開心加碼或蔡依林等巨星出場，員工無心吃飯，原本六分鐘出一道菜就必須先 Hold 住。

感謝阿鸞姐的款待，讓阿鴻體會到南台灣的海派及年菜設計的用心，台式紅燒海鮮羹辦桌料理中最經典的傑作，一口入魂時光倒流，每一口都能吃到魚翅海鮮是最大的享受，五福臨門大拼盤選用厚片野生烏魚子，溏心黏牙滿嘴噴香，富貴極品佛跳牆用料選材十分講究，紅蟳櫻蝦富貴糕代表南台灣節慶氣氛。

這些菜色式樣堅持不找中央廚房生產加工，每一道手作都是大師的心血結晶，隨著時間流逝，能吸引年輕人繼續支持永恆不變的台味精神功不可沒。米粉西施張素鑾總裁出將入相，待人處事善用柔軟態度和面對壓力堅持下去的勇氣，是值得餐飲服務業後生學習尊敬的台灣女力精神。

在時光走廊重拾舊夢，找回初心

花旗雜糧蛋糕

如果說學習是我們一生必修的功課，那麼這位活力十足的資深美魔女唐琪老師，正是「活到老，學到老」的最佳代言人。她也是現代國寶，不是因為掌聲或利益，只是因為喜歡或興趣，在學和做的過程中得到可以讓自己的生命找到價值，在不同時代與時俱進。

難得有機會在明新科技大學的通識課程「整合行銷與傳播課」特別邀請到知名造型蛋糕藝術家唐琪老師蒞臨，與年輕一輩的學子們近距離分享台灣最早的花旗造型藝術蛋糕以及她維持四十三年的品牌魅力與創業經驗。

這幾年翻糖蛋糕非常熱門與流行，但早在數十年前，花旗造型藝術蛋糕就已經是當時台灣走在流行尖端和首屈一指的藝術蛋糕品牌，同時花旗蛋糕也是第一個尊重版權，並且每年支付高額費用向迪士尼購買授權的良心業者。

唐琪老師在民國六十八年就開了花旗造型蛋糕品牌，算是藝術蛋糕的創業先驅，她擅長行銷學，並且懂得發揮品牌魅力，引領風尚、餐飲藝術多年，堪稱烘焙界的小甜甜。阿鴻深有同感，不論從事什麼行業，產品差異化要做出來，如果十間早餐店賣的口味都一樣，完全沒有自己的靈魂，那去吃便利商店就好了。

因為專心投入創作無暇管理財務，以致於唐琪老師在財務方面受人矇騙，幾經波折後才與台灣最有良心的食品公司合作，終因理念不合，只好淨身出戶，瀟灑地揮一揮衣袖，沒帶走一片雲彩，讓許多在花旗蛋糕陪伴成長下的消費者感到惋惜不已。

不過最近唐琪又重出江湖，再次捲土重來了！不但重新開幕曾經風靡一時的「花旗藝術蛋糕」，還推廣當年就已經上市的雜糧養生糕餅，可惜那時候她的觀念超前，一般人比較不易接受，但現代人對於健康養生的重視程度已比過去高，應該能夠得到市場的青睞。重開「花旗藝術蛋糕」是她現今最大的夢想，我們祝福二十一世紀的「花旗蛋糕」能比二十世紀更火紅、更超越。

唐琪老師是懂得管理的成功企業家，也是跨界斜槓的戲劇教母。當年她在淡江話劇社因飾演舞台劇《藍與黑》中的唐琪一角，後來便一直沿用這個藝名。從舞台劇《藍與黑》到《電視街》、《京華煙雲》、《流星花園》等讓人印象深刻的經典影視作品中都有她精湛的演出，不同時代合作過無數的大牌，與港星趙雅芝的合作過程中留下與生俱來不矯情的巨星的氣質令人印象深刻。

一樣的口福，不一樣的健康

阿鴻至今非常佩服唐琪，她也是一位努力不懈、不斷創作學習的藝術家，背後的付出與勇氣不是一般人所能理解，成功有跡可尋，態度決定高度。同學們對唐琪八十一歲的體力與狀態仍極好，一點老人斑跟細紋都沒有感到好奇，唐琪透露她的保養之道不是用名牌，保養品牌就是用二十五塊錢的南僑肥皂洗臉，建議清潔才是最重要的保養，令現場同學覺得不可思議，顛覆大家對名人簡樸生活的三觀。藉由活潑生動的上課內容重新喚醒年輕人對學習的熱情，鼓勵學生培養跨界多元學習與在地食育觀念的重要性，現場讓學子們品嚐「花旗蛋糕」——最新的創意健康養生雜糧手作蛋糕。

「一樣的口福，不一樣的健康」，把養生與美味合一，反應熱烈大受年輕族群喜愛，這次唐琪非常高興能走進校園，與新世代一起提前歡度溫馨的聖誕佳節的下午茶，分享交流學習，讓自己重回六十年前的少女時代，感覺很開心很有義意。

其實我不喜歡別人叫我「阿鴻師」，第一因為怕被叫老，第二我喜歡挑戰新鮮事物，怕被這種稱謂框住，變成匠氣又固化的形象，就像站在日料板前一板一眼，很權威的大師傅那怎可能會是我？三人行必有我師，每個人身上都有各自不同的優點，也一定能夠找到值得學習的地方。我可以接受自己的無知，並且承認生命中人外有人，天外有天，必須要保有這種心態，才會有進步成長的空間。

見過真正有內涵的人，通常都是非常柔軟，可以把自己縮小，走到對方的內心深處，不會裝腔作態刻意造神。我們正處在一個物慾橫流，把利益放在第一的時代，這個社會其實生病了，網上看到的直播內容，不外乎飛機杯滿天飛，髒話狂飆，變成了笑貧不笑娼的地方。很多人為了得到利益，用老師或專家的名義卻以直銷方式到處推銷產品，甚至無所不用其極，而且都是針對那些善良單純的人下手，帶著強烈的目的性，昧著良心說話一點也都不會臉紅，不斷的自我合理化、自我感覺良好，吃相超級難看。

我很相信古人說的一句名言：「辛苦錢萬萬年，偷來的錢過不了年。」怎麼來怎麼去，台灣諺語：「人兩腳，錢四腳。」安安份份、認認真真地把自己的格局放大，讓錢自動來找，這才有品牌價值與魅力。當我們再次看到驚豔登場的林青霞，展現的就是持續優雅的魅力，千萬不要刻意去追錢，通常都會適得其反，我是過來人，自然最能體會箇中三味。

謝謝大家不斷給我一起學習的機會，所謂「學然後知不足」，我更小心翼翼愛惜羽翼，做人首先就是不要辜負曾經被信任的人事物，這個世界上唯有感覺不會騙人，明白了就變的很簡單，關鍵是信任只有一次，所以每一次都是珍貴的恩賜，要讓合作夥伴雙方都能圓滿歡喜是很不容易的修持與智慧。

從《阿鴻上菜》至今，我非常感恩小燕姐當初在螢幕上給予我如此深刻的人物設定，我很喜歡在馬路上或在機場，看到即使是陌生的臉孔都能直接叫我阿鴻，同事也好，學校就讀的同學們也好，即使他們的父母親比我還年輕也都叫我一聲阿鴻哥，有一種好就是剛剛好就好，這樣的關係有點黏也不會太黏，跟好吃的珍珠米一樣，不用花俏的海膽或魚子醬，也能嚼出從黑土地孕育出最自然香甜的純真滋味。《阿鴻上菜》真心實意的謝謝大家給我的每一次的機會！

國家圖書館出版品預行編目資料

陳鴻的美食散步／陳鴻著. -- 初版. -- 台北市：商周出版：英屬蓋曼群島商家庭傳媒股份有限公司城邦分公司發行，2023.07

面；　公分. --（Live & learn; 112）

ISBN　978-626-318-752-8（平裝）

1.CST：飲食風俗　2.CST：文化　3.CST：台灣

538.7833　　112009270

陳鴻的美食散步

作　　者／陳鴻
插　　畫／徐璽設計工作室
文字整理／高美慧
責任編輯／王拂嫣、程鳳儀

版　　權／林易萱、吳亭儀
行銷業務／林秀津、周佑潔
總 編 輯／程鳳儀
總 經 理／彭之琬
事業群總經理／黃淑貞
發 行 人／何飛鵬

法律顧問／元禾法律事務所 王子文律師
出　　版／商周出版
城邦文化事業股份有限公司
台北市中山區民生東路二段 141 號 9 樓
電話：(02) 2500-7008 傳真：(02) 2500-7759
E-mail：bwp.service@cite.com.tw

發　　行／英屬蓋曼群島商家庭傳媒股份有限公司城邦分公司
聯絡地址／台北市中山區民生東路二段 141 號 2 樓
書虫客服服務專線：(02) 25007718・(02) 25007719
24 小時傳真服務：(02) 25001990・(02) 25001991
服務時間：週一至週五 09:30-12:00・13:30-17:00
郵撥帳號：19863813　　戶名：書虫股份有限公司
讀者服務信箱 E-mail：service@readingclub.com.tw
城邦讀書花園 www.cite.com.tw

香港發行所／城邦（香港）出版集團有限公司
香港灣仔駱克道 193 號東超商業中心 1 樓
電話：(852) 25086231　　傳真：(852) 25789337
E-mail：hkcite@biznetvigator.com

馬新發行所／城邦（馬新）出版集團【Cite (M) Sdn. Bhd】
41, Jalan Radin Anum, Bandar Baru Sri Petaling,
57000 Kuala Lumpur, Malaysia
電話：(603)90578822　　傳真：(603)90576622
E-mail：service@cite.my

封面設計／徐璽設計工作室
電腦排版／唯翔工作室
印　　刷／韋懋印刷事業有限公司
總 經 銷／聯合發行股份有限公司　電話：(02)2917-8022　傳真：(02)2911-0053
地址：新北市 231 新店區寶橋路 235 巷 6 弄 6 號 2 樓

■ 2023 年 7 月 27 日初版
定價／ 420 元

ISBN　978-626-318-752-8

Printed in Taiwan

城邦讀書花園
www.cite.com.tw

商周出版

廣　告　回　函
北區郵政管理登記證
北臺字第10158號
郵資已付，免貼郵票

104　台北市民生東路二段141號2樓

英屬蓋曼群島商家庭傳媒股份有限公司城邦分公司　收

請沿虛線對摺，謝謝！

商周出版

書號：BH6112　　書名：陳鴻的美食散步

請於此處用膠水黏貼

線上版讀者回函卡

商周出版

讀者回函卡

感謝您購買我們出版的書籍！請費心填寫此回函卡，我們將不定期寄上城邦集團最新的出版訊息。

姓名：＿＿＿＿＿＿＿＿＿＿ 性別：☐男 ☐女

生日：西元＿＿＿＿年＿＿＿＿月＿＿＿＿日

地址：＿＿＿＿＿＿＿＿＿＿

聯絡電話：＿＿＿＿＿＿＿＿ 傳真：＿＿＿＿＿＿＿＿

E-mail ：

學歷：☐ 1. 小學 ☐ 2. 國中 ☐ 3. 高中 ☐ 4. 大學 ☐ 5. 研究所以上

職業：☐ 1. 學生 ☐ 2. 軍公教 ☐ 3. 服務 ☐ 4. 金融 ☐ 5. 製造 ☐ 6. 資訊

☐ 7. 傳播 ☐ 8. 自由業 ☐ 9. 農漁牧 ☐ 10. 家管 ☐ 11. 退休

☐ 12. 其他＿＿＿＿＿＿＿＿

您從何種方式得知本書消息？

☐ 1. 書店 ☐ 2. 網路 ☐ 3. 報紙 ☐ 4. 雜誌 ☐ 5. 廣播 ☐ 6. 電視

☐ 7. 親友推薦 ☐ 8. 其他＿＿＿＿＿＿＿＿

您通常以何種方式購書？

☐ 1. 書店 ☐ 2. 網路 ☐ 3. 傳真訂購 ☐ 4. 郵局劃撥 ☐ 5. 其他＿＿＿

您喜歡閱讀那些類別的書籍？

☐ 1. 財經商業 ☐ 2. 自然科學 ☐ 3. 歷史 ☐ 4. 法律 ☐ 5. 文學

☐ 6. 休閒旅遊 ☐ 7. 小說 ☐ 8. 人物傳記 ☐ 9. 生活、勵志 ☐ 10. 其他

對我們的建議：＿＿＿＿＿＿＿＿＿＿

【為提供訂購、行銷、客戶管理或其他合於營業登記項目或章程所定業務之目的，城邦出版人集團（即英屬蓋曼群島商家庭傳媒（股）公司城邦分公司、城邦文化事業（股）公司），於本集團之營運期間及地區內，將以電郵、傳真、電話、簡訊、郵寄或其他公告方式利用您提供之資料（資料類別：C001、C002、C003、C011 等）。利用對象除本集團外，亦可能包括相關服務的協力機構。如您有依個資法第三條或其他需服務之處，得致電本公司客服中心電話 02-25007718 請求協助。相關資料如為非必要項目，不提供亦不影響您的權益。】

1.C001 辨識個人者：如消費者之姓名、地址、電話、電子郵件等資訊。
2.C002 辨識財務者：如信用卡或轉帳帳戶資訊。
3.C003 政府資料中之辨識者：如身分證字號或護照號碼（外國人）。
4.C011 個人描述：如性別、國籍、出生年月日。

請於此處用膠水黏貼